Introduction to Early Christianity

キリスト教の“はじまり”

吉田　隆

Takashi Yoshida

いのちのことば社

序　「これからの日本の教会」のために

「キリスト教会には、初め、旧約聖書しかなかった」
「旧・新約聖書全体（正典）の文書が確立するのは四世紀末のこと」

旧新約聖書六六巻のみがキリスト教信仰の土台であると単純に信じていた私にとって、これらの歴史的事実を知ったことは大きな衝撃でした。それでは、最初のキリスト者たちは何を信じていたのか。『聖書』全体が揃っていない時代のキリスト教会は、どのように礼拝をし、伝道をし、生活をしていたのか。そもそも、そのようなキリスト教とは、いったい何であったのか、等々。疑問は膨らむばかりでした。
その時から、私の新しい信仰の旅が始まりました。自分がそれまで持っていたキリスト教の常識（＝プロテスタントの伝統）を一度わきに置いて、もう一度最初から、キリスト教を学び直してみようと思ったからです。

それはちょうど復活の主イエスに出会ったガリラヤの一握りの弟子たちから、やがてローマ帝国全体に広がって行く古代教会の歴史そのものをたどる旅と重なります。以来、このキリスト教会の揺籃《ようらん》期ともいうべき古代教会の重要性と魅力に引き込まれ、神学校でも教えるようになりました。

〝日本の教会は、もっと古代教会から多くを学んだほうがいい。〟それが私の確信です。この小さな書物を通して、しばらくの間、みなさんとご一緒に古代教会がたどった旅路を概観したいと思います。そうして見えてくるものは、きっと〝これからの日本の教会〟にとって、大切な道筋を示してくれるに違いないと思うからです。

「古代教会」は、書物によって、「初代教会」「原始教会」「初期キリスト教会」など、いろいろな呼び方で呼ばれています。大雑把に言って、「初代教会」や「原始教会」は新約聖書時代の教会。「初期キリスト教会」は最初の三世紀くらい。そして「古代教会」は、主として二世紀以降、つまり新約聖書の次の時代から六世紀くらいまでの教会を指しているとお考えください。

本書では、もっぱら最初の三世紀ほど、つまりキリスト教迫害の時代から公認されるに至るまでの時代を中心に、しかし、広くは中世に至るキリスト教の歩みも視野に入れています。そのため、全体としては「古代教会」という名称を用いつつ、状況に応じて名称を使い分けることにします。

古代教会から学ぶ意義

この古代教会の歩みから、日本の教会が学ぶことがなぜ大切なのでしょう？　その理由は、大きく二つあると思います。

一つは、先に述べたとおり、この時代がキリスト教のまさに形成期だからです。日本のプロテスタント教会の多くは、一九世紀・二〇世紀に来日した欧米の宣教師たちの圧倒的な影響を受けていることでしょう。しかし、それらの宣教師たちがもたらしたキリスト教は、多くの場合、すでに出来上がっているキリスト教世界のものでした。伝統的な教会であっても、その教派的伝統は一六世紀の宗教改革にさかのぼるのがせいぜいです。

しかし、その宗教改革もまた、ヨーロッパのキリスト教社会の中で起こった教会の改革に他なりません。改革者たちは――ルターにせよ、カルヴァンにせよ――すでに存在していたキリスト教の社会や伝統を変革したのであって、ゼロから創造したのではないのです。古い家の骨格を生かしながらリフォーム（改革）したのであって、新築したのではありませんでした。プロテスタント教会の信仰のルーツはそこにあるのですから、宗教改革者たちの神学や業績から学ぶことは大いに大切なことです（かくいう私もその学徒の一人です）。しかし、改革者たちの神学も教会理解も、あくまでもキリスト教社会を前提としたものであることを忘れてはなりません。

他方で、日本の教会は、たかだか百五十年ほどの歴史を持っているだけです。キリスト教の土台が全く存在していない土壌の中で、いわば、ゼロから伝道し、教会形成をしているのです。それは宗教改革者たちが直面したヨーロッパにおける教会の課題とは、全く異なります。たとえば、そもそもキリストの福音とは何か、どのように礼拝をすればよいのか、聖書はどのように読むべきなのか、教会形成に必要なことは何か等々。これらキリスト教の根本問題の多くは、むしろ古代教会こそが直面した問題でありました。（じつは、宗教改革者たち自身も、改革の模範として古代教会から多くを学んでいました！）

もう一つ、古代教会から学ぶことの大切な理由は、古代教会が（ユダヤ教との関係の歴史を経て）やがて非キリスト教的な多元社会――多宗教・多文化――の中に福音の種が蒔《ま》かれて誕生し、成長した教会だからです。まるで今日の世界のような多元社会の中で、当時の教会やキリスト者たちがどのように福音を伝えたのか、どのような問題に遭遇し、それを乗り越えていったのか、厳しい迫害の中でどのように生き抜き、最終的にはローマ帝国を変えていったのか。この非常にエキサイティングな歴史を、私たちは古代教会の歴史から学ぶことができるのです。

もちろん、二〇〇〇年という時代の開きや文化の違いがあることは言うまでもありません。ところがそこには、〝圧倒的な少数者〟として〝異教社会〟の中で奮闘している私たち日本の教会――とりわけ地方の教会やキリスト者たち――が直面するさまざまな問題や困難と、驚くほど似通ったものがあるのです。もちろん、成功例ばかりではありません。多くの弱さや失敗もあります。それらを含めて、私たちが学ぶべき多くの教訓が、古代教会の歴史には詰まっています。

キリスト者にとって、歴史の営みは、単なる人間の産物ではありません。歴史を導く神の御業を信じるからです。ですから、歴史を学ぶことは、過去における人間の過ちを見つめながらも、なおそれらの中に働かれた神の恵みを読み取っていく作業でもあります。

私たちは、どうしても自分中心の物の見方に偏りがちですから、自分の国中心の歴史観、自分の教派中心の歴史観しか持てなくなる恐れがあります。その意味でも、キリスト教という不思議な宗教がどのように生まれ、どのように形成されてきたのかを学ぶことを通して、主イエス・キリストの教会の〝本来の姿〟を見つめ直すことができればと、願っています。

さあ、それではご一緒に、その歴史の旅を始めてまいりましょう！

目次◉キリスト教の〝はじまり〟——古代教会史入門

第一部　古代教会の進展

一章　初期キリスト教の数的進展

最初にみなさんと学びたいことは、初期キリスト教会がなぜ驚くべき成長を成し遂げたのかということについてです。

まず、当時のローマ帝国[1]全体のイメージを頭の中に浮かべていただきましょう（次頁、地図参照）。その広大な帝国は、北はイギリスから南は北アフリカ一帯。西はスペインやポルトガルのあるイベリア半島から、東はメソポタミアと呼ばれる地方までです。これらの地域がたった一つの国家のもとに治められていました。

また、当時の町の大きさを実感するために（学説に基づいた）主な都市の規模を申し上げれば、一世紀の首都ローマは人口約六十五万人、エ

(1) **ローマ帝国**　前二七年の初代皇帝アウグストゥスの即位から、実質的には三九五年の東西分裂まで、形式的には一四五三年のビザンツ帝国（東ローマ帝国）滅亡まで存続したのが「ローマ帝国」、あるいは「帝政ローマ」である。

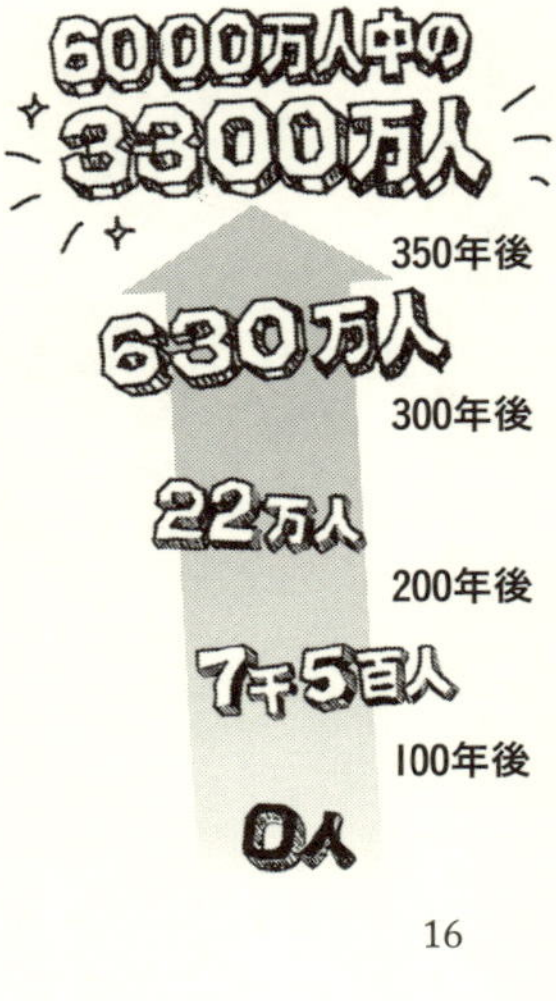

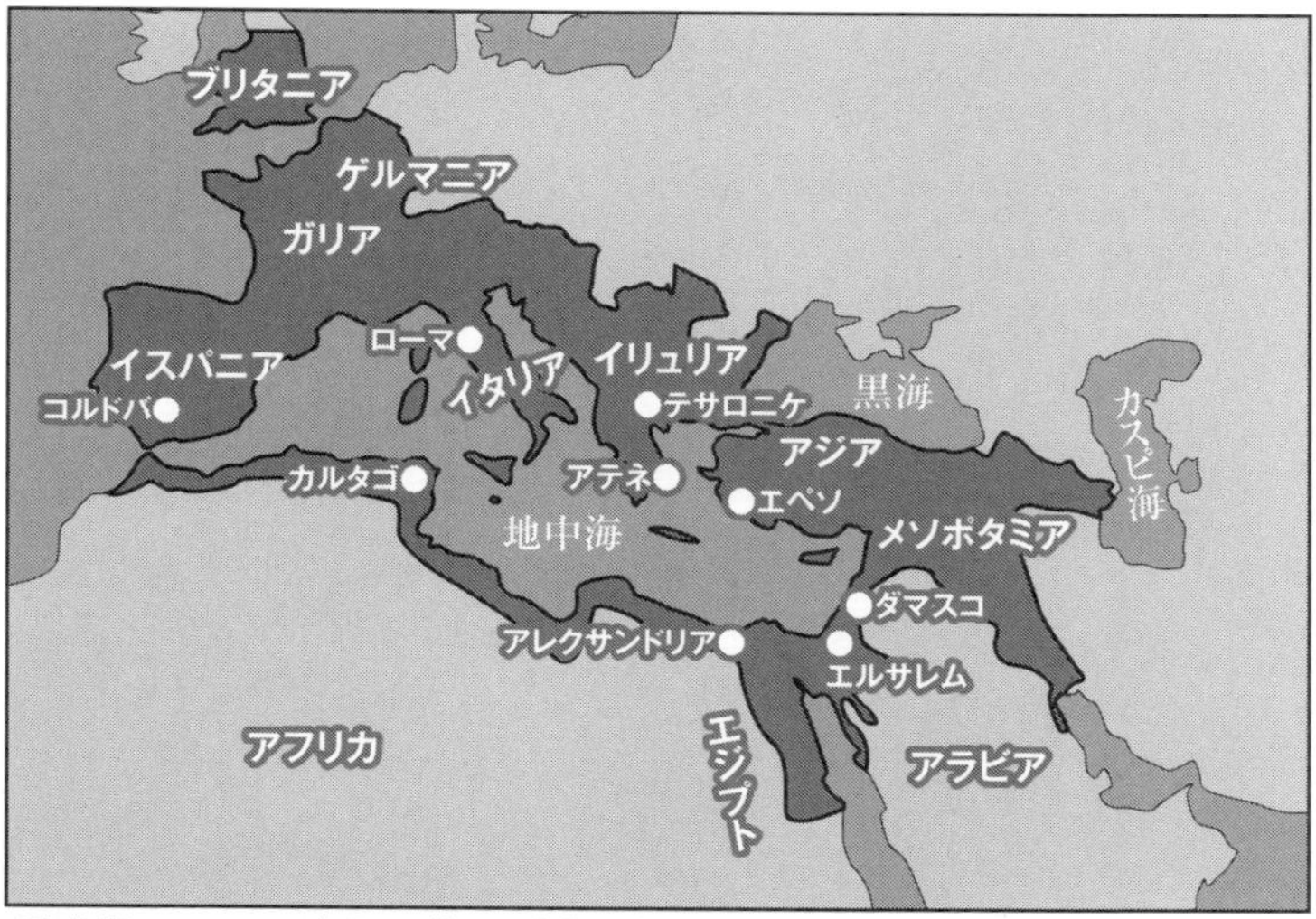

最盛期のローマ帝国の範囲（濃い部分）を表した地図

ジプトのアレクサンドリアは四十万人、エペソが二十万人、アンティオキアが十五万人ほどであったといわれます。

みなさんが今お住まいの町や近隣の都市の規模と比較してみてください。当時は都市といってても、それほど人口が多かったわけではないことがわかるでしょう。東京や大阪のような大都市はありませんでした。

ただ今日の都市と違うのは、当時は外からの侵入者を防ぐために基本的には城壁(2)で囲まれていたという点です。

エペソ（トルコ）に現存する古代の城壁（遠景）と当時の町の遺跡

(2) **城壁**
異民族等の侵入者を防ぐため、古代ローマやエルサレムは、都市全体が堅固な城壁に守られた重厚な「城郭都市」であった。城壁は、煉瓦、石材、木材、土等が使われた。

ローマの都市に建設されたアウレリアヌス城壁跡（3世紀）

ですから、ただ町が大きく横に広がっていたのではなく、限られたスペースの中に人々が生活していたために、相当の人口密度であったようです。

古代ローマには四～六階建てくらいの「インスラ[3]」と呼ばれる高層アパートもあったと考えられています。

低くても二階三階建てのアパートが密集しているという状況です。ちょうど東京や大阪の下町の人口密集地域で、家々がつながっているように立ち並んでいる、そんな状況に近かったのではないかと思います。

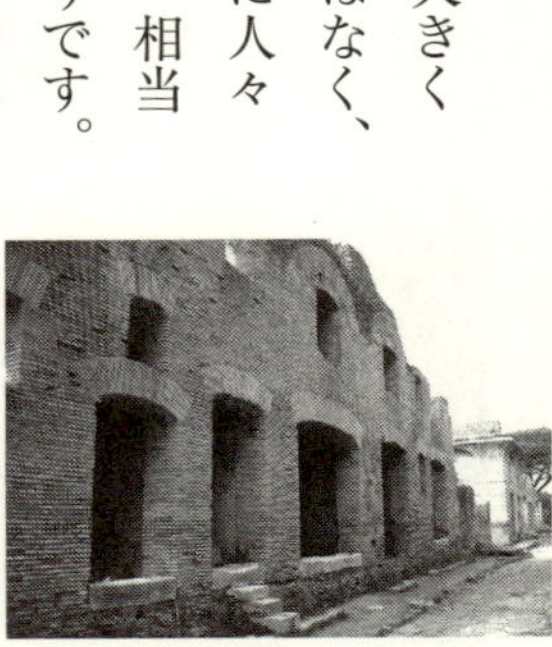

紀元2世紀初期のインスラ
（ローマの港町オスティア）

(3) インスラ（高層集合住宅）　現代でいう高層マンション。古代ローマでは、下層階級や中流階級のローマ人が住んでいた。土地が足りないため、どんどん階を増やし、高層になった。ローマ市内には、高さが三〇メートルを超える建物もあったといわれる。「インスラ」は「島」の意。密集し、その一帯が「島」のように盛り上がっていたため、そう呼ばれた。

ですから、このようなローマの街に点在していた、いわゆる「家の教会[4]」は、大きな一戸建ての家がボンボンボンと建っていて、そこで皆が家庭集会をしているという現在のイメージとは、およそ異なる状況だったろうと思われます。少なくともローマの中心部における「家の教会」は、富裕層が住む一戸建ての家（ドムス[5]）よりも、風呂もトイレもない六畳一間

古代ローマの共同住宅インスラ復元模型
(画像・Hiro-o on wikipedia)

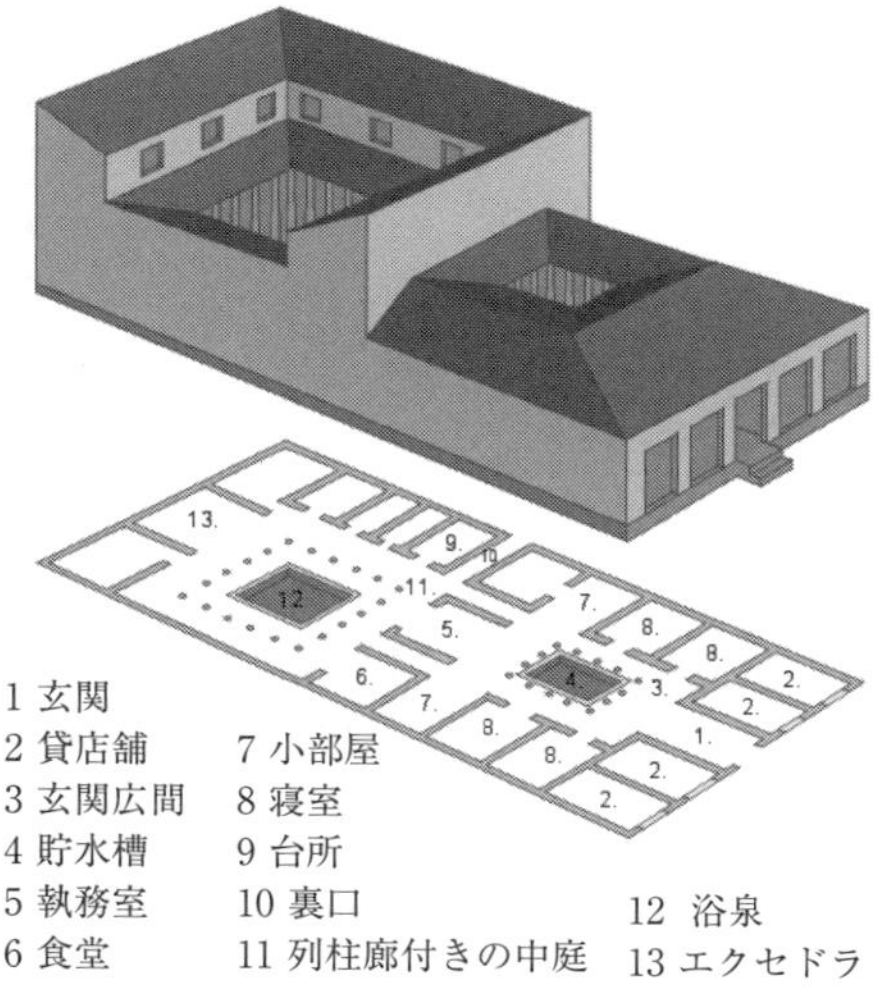

典型的なドムスの構造(画像・Ohto Kokko on wikipedia)

(4) **家の教会**
教会堂がない場所では、個人宅を開放し、そこに定期的に集まり、礼拝をもち、教会としていた。

(5) **ドムス（独立住宅）**
「家、邸宅」を意味する。富裕層だけが住むことのできた一戸建て住宅。中央に玄関広間（アトリウム）がある。その奥に、列柱廊付きの中庭（ペリュステュリウム）があった（上図参照）。

比率としては、インスラ二十六戸に対し、ドムスは一戸。限られた者しか住めなかったことがわかる。

に六～七人の家族が住んでいる、昔の長屋かアパートの一室のような所が結構多かったのではないかと想像されます。しかも、ローマでは上層階の住人がゴミや汚物を窓から通りに投げ捨てていたため、街の衛生状態[6]は劣悪であったといわれます。このような街の中で、しかし、キリスト者たちは信仰に導かれ、集会を持ち、日々の生活を営んでいたのです。

新約聖書の時代である一世紀の教会は、新約聖書「使徒の働き」に出てくるような町々に、少しずつ生み出されていきました。パウロはひょっとするとイスパニア（スペイン）にまで行ったかもしれませんが（新約聖書・ローマ人への手紙一五章二四節参照）、特に教会が多かったのは、ユダヤ人キリスト者たちが住んでいたパレスチナ地方や、トルコ半島からギリシアにかけての町々ではなかったかと思われます。

それが二世紀になりますと、西は今のフランスから東はメソポタミア地方（ひょっとするとインド？）、さらには北アフリカの一部にまで拡大します。そして、四世紀の初頭、すなわちキリスト教への迫害が終焉を迎える頃には、ローマ帝国のほとんどすべての地域にわたって教会が存在するようになるのです（次頁、地図参照）。

(6) ローマの衛生状態
下水道、公衆トイレ、浴場などの整備が行われており、紀元前二世紀頃から公衆トイレはあった。しかし、下水道網はローマの全区域にあったわけではなく、ほとんどの住居には下水設備がなかったため、ゴミや糞尿は屋外に捨てていた。

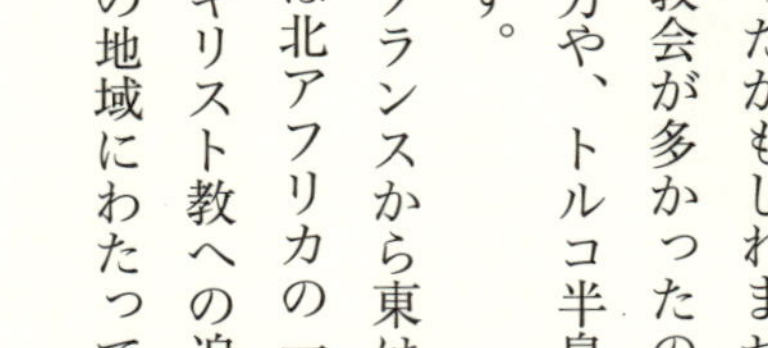

古代ローマの公衆トイレの遺跡

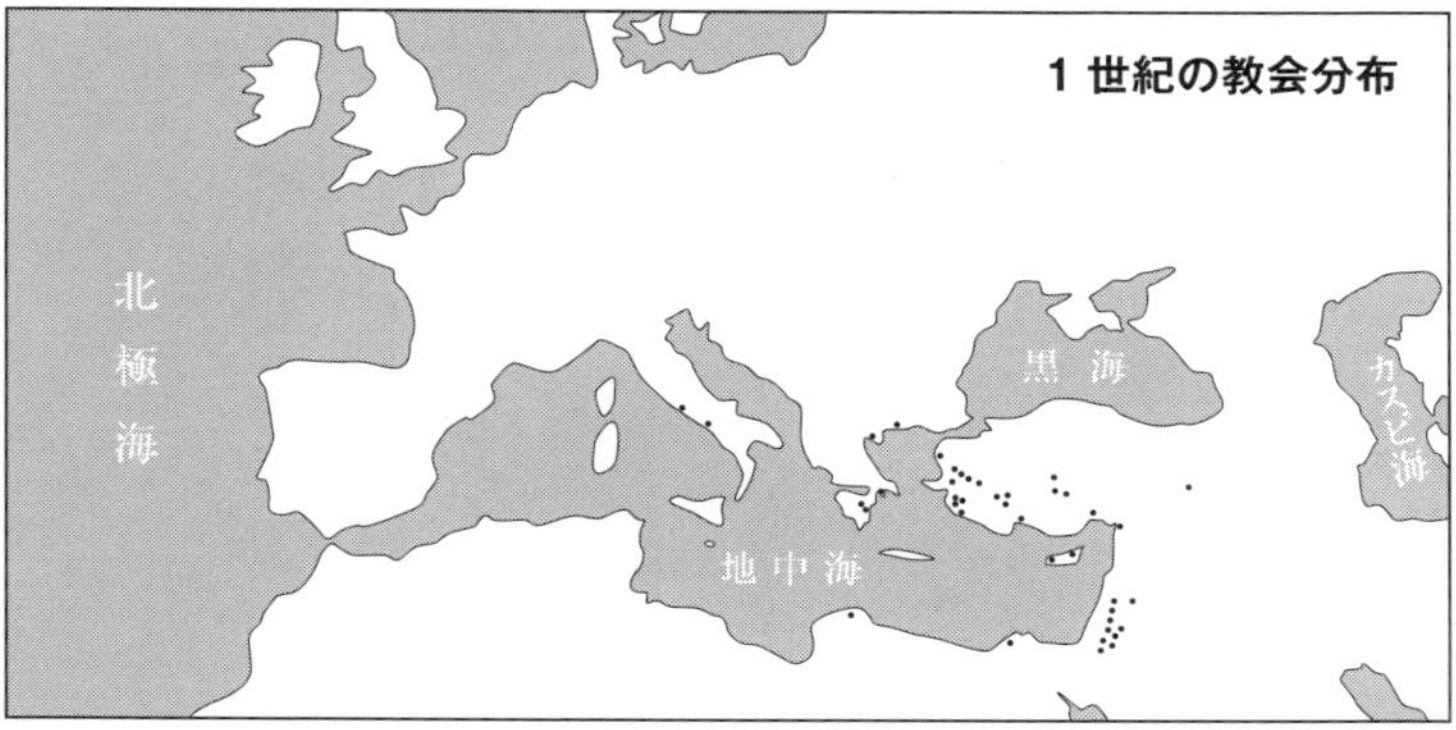
１世紀の教会分布
北極海
黒海
カスピ海
地中海

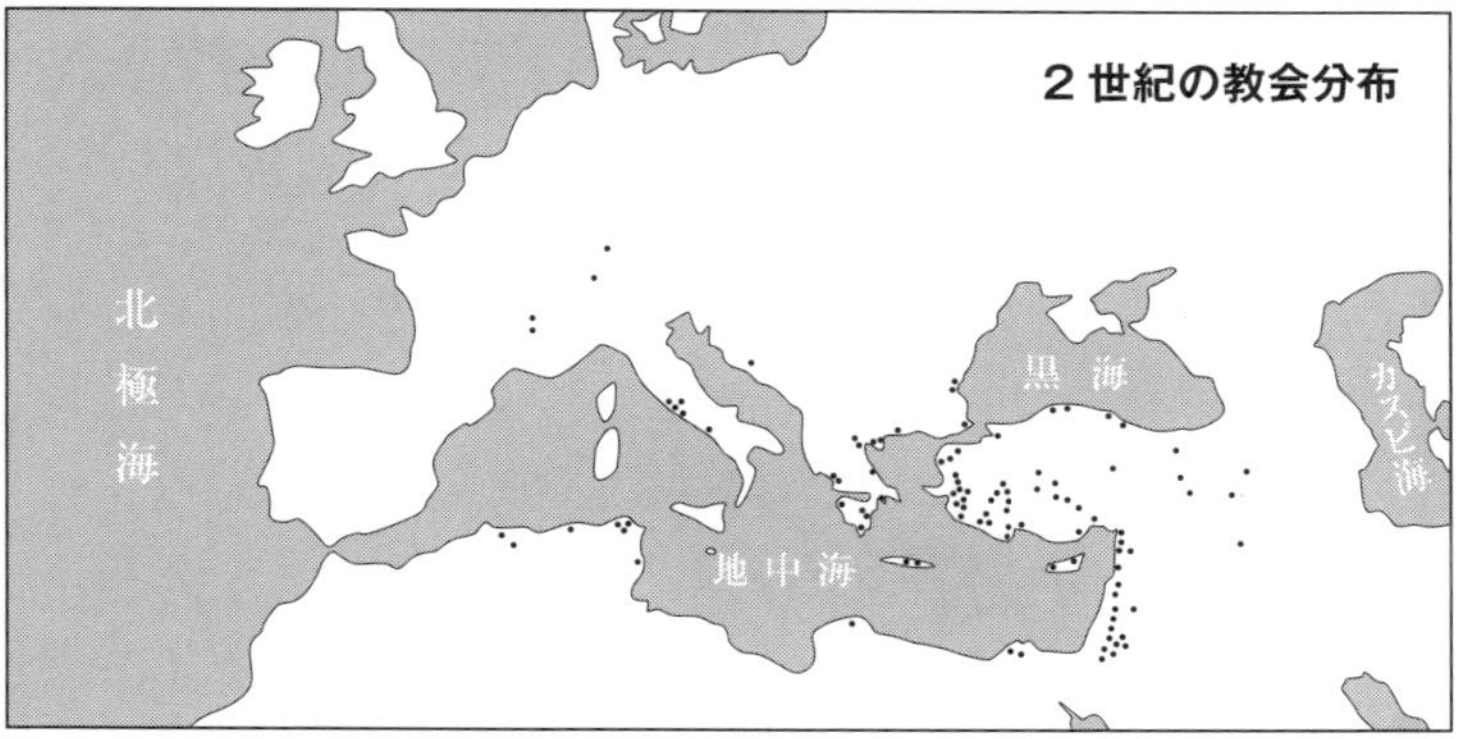
２世紀の教会分布
北極海
黒海
カスピ海
地中海

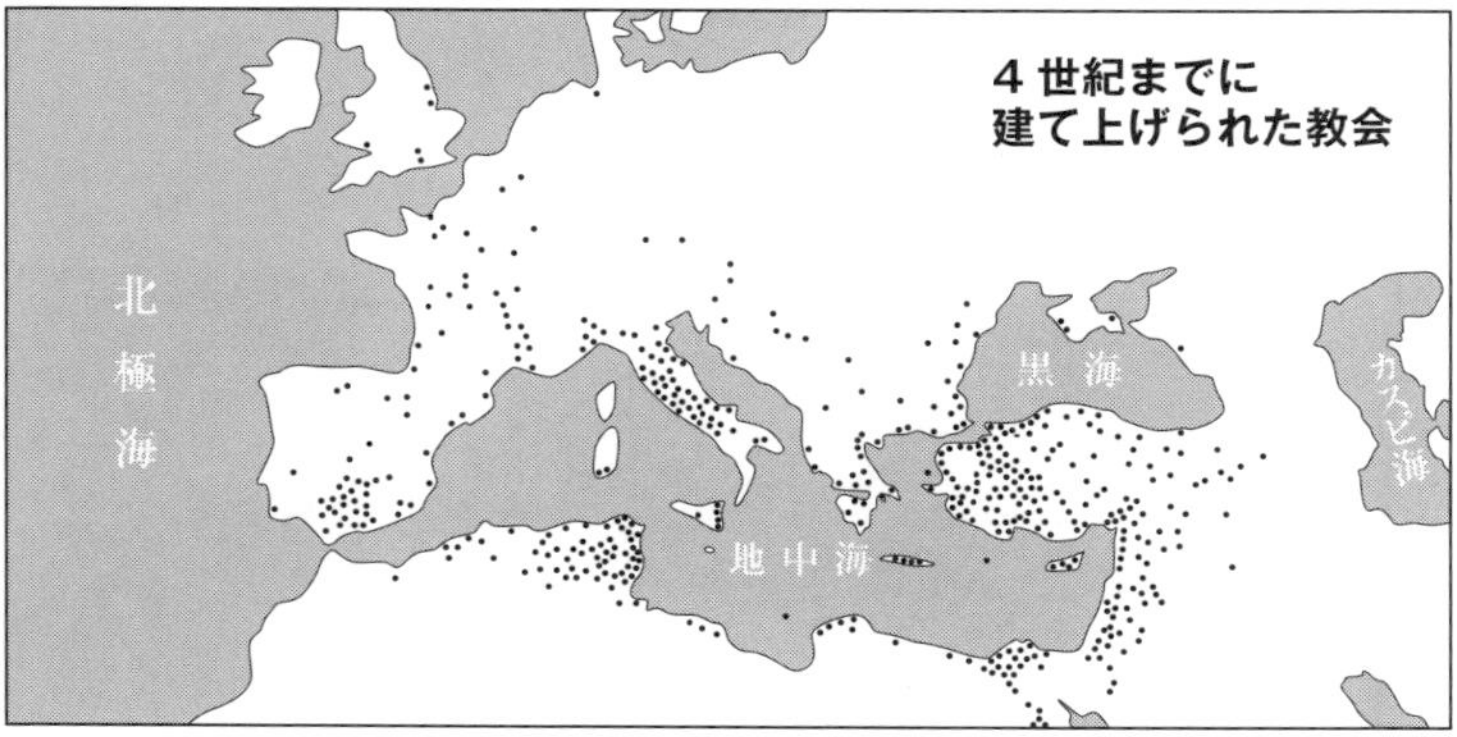
４世紀までに
建て上げられた教会
北極海
黒海
カスピ海
地中海

トラヤヌス帝（在位98～117年）

　二世紀初頭に地方総督を務めていたプリニウス(7)という人は、すでにこの時代に「草深い田舎」にまでも、疫病のように広がっているキリスト教徒をどう扱えばよいのか途方に暮れて、時の皇帝トラヤヌスに書簡を送っています。*1

　あらゆる世代、あらゆる階層に〝無差別に〟広がって行くキリスト教を「疫病」と称したのは言い得て妙です（使徒の働き二四章五節参照）。もちろん、キリストの福音は、むしろ人々を死の病から癒やす薬であったのですが。

　ともあれ、さすがのローマ皇帝もキリスト教を迫害するよりは、公認して利用したほうが容易いと考えるに至るほどに、驚くべき成長を遂げたのです。

プリニウスの像
（画像・Rotatebot on wikipedia）

(7) ガイウス・プリニウス・カエキリウス・セクンドゥス（六一～一一二年）

　帝政ローマの文人、政治家。おじの博物学者、政治家、軍人のプリニウス（大プリニウス）と区別するために、「小プリニウス」と呼ばれている。

　ビティニア属州総督任期中に書かれた書簡集は、トラヤヌス帝の時代のキリスト教徒に対する処遇方法を知ることができる貴重な資料となっている。

初期キリスト教会の成長率

さて、このような初期キリスト教の驚異的成長は、はたして一つの奇跡なのでしょうか。それは、ＹＥＳでもＮＯでもある、というのが私の答えです。ここではまず、奇跡ではなかった（成長には、それなりの合理的理由があった）という説明から紹介しましょう。

『キリスト教とローマ帝国――小さなメシア運動が帝国に広がった理由』（新教出版社、二〇一四年）という大変興味深い書物があります。これを書いたロドニー・スタークという人はアメリカの社会学者で、キリスト教徒でもキリスト教の専門家でもありません。この人が初期キリスト教の驚異的成長を歴史統計学や社会学的手法を使って分析した結論によれば、それは決して奇跡ではなく当然の結果であった、というものでした。この結論はじつに興味深く、同時にまた、私たち日本の教会にも大きな示唆を与えるものですので、簡単にご紹介しましょう。

スタークは、統計学の方法を用いて、キリスト教三百年間の成長を次のように分析します。

まず古代ローマ帝国の総人口を（大方の研究者が賛同する）約六千万人であったと仮定します。そして、キリスト教が帝国で公認され、やがて国教となる四世紀の終わり頃に、キリスト教人口が帝国の総人口の六割を占めていたと仮定するのです。そうして計算をすると、キリスト教会の成長率は十年でおよそ一・四倍なのだそうです。

逆算していくと、紀元一〇〇年頃、つまり最後の使徒ヨハネ(8)がこの世を去りつつあったころ、クリスチャン人口は七千五百人（これはちょっと少なすぎるかもしれません。新約聖書の「使徒の働き」では、ペテロの説教を聞いて回心した人が約三千人ですから！）。

ところが、この七千五百人のクリスチャンが十年で一・四倍の成長をする。つまり、たった十人しかいない伝道所が十年かけて十四人になる。これは無茶苦茶な成長ではありません。

そして、この成長のペースがずっと続いていくとどうなるか。紀元一〇〇年頃には七千五百人しかいなかったクリスチャンは、百年後の紀元二〇〇年には二十二万人近くになり、さらに百年経つと六百三十万人に

使徒ヨハネ
（エル・グレコ作）

(8) 使徒ヨハネ
十二使徒の一人で、元漁師。「ヨハネの福音書」の著者と言われている。ペテロとともにイエスの側近であった弟子で、自らのことを「イエスが愛された弟子」と、「ヨハネの福音書」に記している。
多くが殉教した使徒の中で、一番長く生きたと言われる。

なる。そして、キリスト教が三一三年に公認[9]される直前の三一〇年頃には、八百八十万人になる。こうして、三五〇年頃にはローマ帝国全体のじつに六割を占めるに至るというわけです！

　もちろん実際には、こんな綺麗にいきません。成長のスピードも速い時もあれば停滞する時もある、進むこともあれば後退することもある。何より、その間に亡くなる方も当然いるわけです。しかし、とにかく十年間に平均一・四倍という成長を続けたときに何が起こるのかということを、じつに印象的かつ客観的に示してくれたのです。

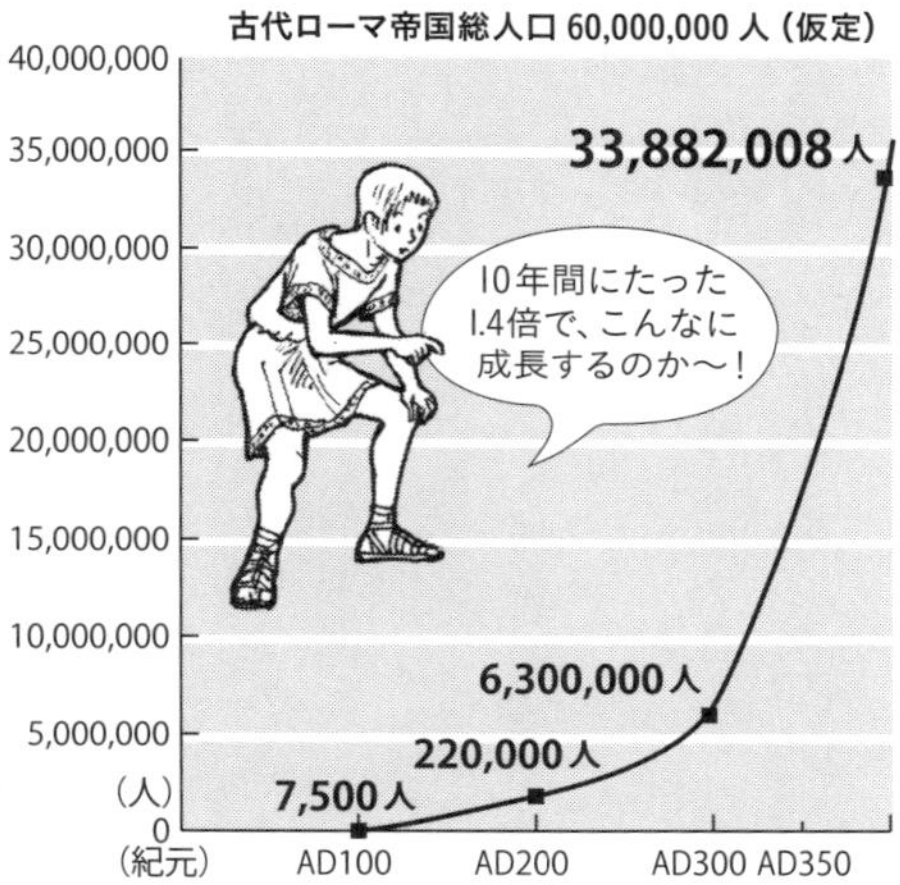

　この研究結果は、日本の教会にとっての大きな励ましとチャレンジを与えてくれます。いまだプロテスタント宣教百五十年の歴史しか持たない日本の教会の信者数は、初代教会よりもはるかに多い！　また、十年

(9) **キリスト教公認**　安泰だったローマ帝国が、「三世紀の危機」と言われる混乱期になると、帝国支配の安定と回復を望んでいたコンスタンティヌス帝は、キリスト教によって帝国内をまとめるべく、三一三年「ミラノ勅令」を発令し、キリスト教の国教化に踏み切った。

間で一・四倍という成長も決して達成不可能な数字ではないでしょう。

　こうして見ると、確かに、初期キリスト教の成長は必ずしも奇跡とは言えないかもしれません。しかし、彼らが、一貫して成長し続けられた秘密は何なのでしょうか。それを、次に探ってみましょう。

初期キリスト教会成長の外的要因

　初期キリスト教の研究者たちは、当時の時代状況が非常に特殊であり、成長にプラスに働く外的要因がいくつもあったことを指摘しています。

①政治的要因

　一つは、政治的要因です。イエスの誕生が初代ローマ皇帝アウグストゥスの時であったこと（新約聖書・ルカの福音書二章一節）からもわかるように、初期キリスト教の時代は、二百年以上も地中海世界全体に〝ローマの平和〟(10)が保たれた、世界の歴史上類を見ない特別な時代でした。ローマ帝国全体の地図を思い浮かべて、あの広大な地域で今日、パレスチナを始め

ローマ五賢帝

在位 96～98年	ネルヴァ
98～117年	トラヤヌス
117～138年	ハドリアヌス
138～161年	アントニヌス＝ピウス
161～180年	マルクス＝アウレリウス＝アントニヌス

(10) **ローマの平和（Pax Romana）**
　紀元前二七年から「五賢帝時代」の終わりまでの二百年間、大きな戦争がなく、ローマ支配のもと平和が実現された時代。公正な法律制定や、各都市を繋ぐ交通網の普及により、商業が繁栄した時代でもある。

とする中東や東欧や北アフリカなどで、どれだけの紛争が起きているかを考えれば、これらの地域が二百年以上も大きな混乱もなく守られたことは、ほとんど奇跡的であると言わざるを得ません。

「あらゆる国の人々」（新約聖書・マタイの福音書二八章一九節）を弟子としなさいとのキリストの命令を実行するための福音の宣教は、平和な時代でなければできません。紛争の中にある国々に宣教師を送ることは不可能です。さらに言えば、イエス・キリストの福音は敵をも愛する福音なのですから、戦闘状態の中では広まり得ない、敵を殺すことを至上命令としている状況で「敵を愛せよ」と伝えることはできないと、ある古代教父[11]は書いています。[*2] 福音宣教が自由になされるためには、治安が維持されていることが不可欠なのです。

もう一つ、ローマによる統治政策が生み出した大きなメリットは、〝すべての道はローマに通ず[12]〟といわれた道路交通網の整備です（次頁、図参照）。それによって、あの広大な地中海世界が均質な一つの社会になることができた、まさに〝インターネット〟の力です。これだけの地域を、人々はいちいちビザを取得することなく、しかも馬車や船などを用いて、

(11) **古代教父**
初期キリスト教において、教会の指導者であり、聖書の解釈などで「正統」とされた著作を著した人々。

(12) **すべての道はローマに通ず（ローマ街道）**
八万キロ以上の街道が、ローマ帝国を縦横無尽に広がっていた。舗装され、水はけがよいように傾斜がつけられていたため、悪天候でも通行することができた。

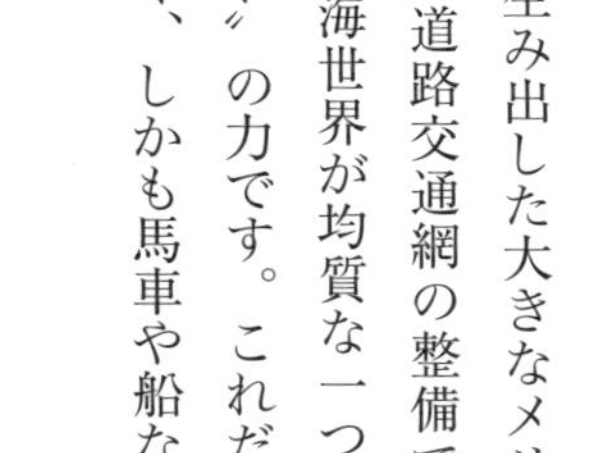

轍の跡が残るエグナティア街道（フィラデルフィア〔現在のトルコ〕）

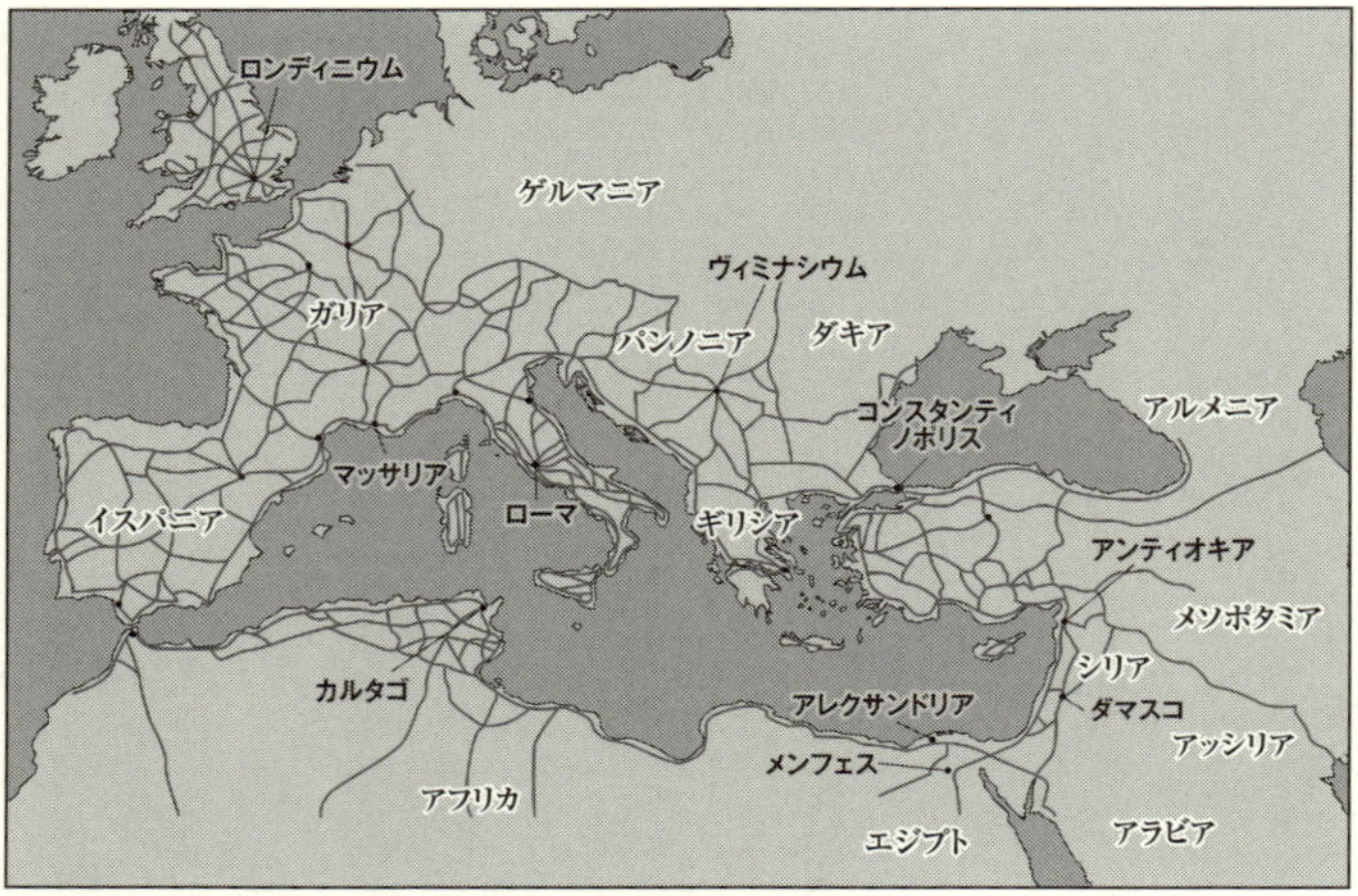

紀元117年頃のローマ帝国の主要な交通網

自由に行き来することができました。このことが、どれほど旅する伝道者[13]にとって有効に働いたか知れません。

②文化的要因

大きな二つ目の要因は、当時の文化的な背景です。とりわけ重要なことは、「ギリシア語」という共通語を使用できたことです。もちろんローマ人はラテン語であり、各々の民族は自国語で話していました。しかし「コイネー」[14]と呼ばれる民衆のギリシア語が公用語として広く行き渡っていたおかげで、ほとんどの人々と、この言葉だけでコミュニケーションがとれたのです。

今日、海外宣教師たちがどれほどの

(13) **旅する伝道者**
新約聖書の「使徒の働き」によれば、この当時、遠方の地域に伝道するために、船や陸路を使い「伝道旅行」が行われていた。その主導者であった使徒パウロは、主要な道路や大路沿いの町や都市で、伝道を行った。

(14) **コイネー**
コイネーは「共通」という意味。ギリシアだけでなく、アジアやアフリカにも及んで国際共通語の役割を果した。
「七十人訳聖書」(注17参照)や、新約聖書もコイネーで書かれている。

言語を習得しなければならないかを考えれば、たった一つの言語で、キリストの福音をこれだけ広大な地域に伝えることができたことは、驚くべき利点でした。

ローマ帝国全体がギリシアの言語のみならず、文化的にも非常に大きな影響を受けていたことも大切でした。ギリシア思想や文化がキリスト教を異邦人に伝えるための下地を作ったからです。とりわけ（愛や義など）聖書の教えの抽象的な概念を表す哲学用語があったことは、大きな道具となりました。事実、ギリシア哲学を駆使して聖書信仰の奥深さを説明したアレクサンドリアのフィロン[15]（ＢＣ二〇？―ＡＤ五〇？年）やヨセフス[16]（三七―一〇〇年）のようなユダヤ人たちもいました。

アレクサンドリアのフィロン

フラウィウス・ヨセフス

(15) アレクサンドリアのフィロン
イエス・キリストと同年代を生きたユダヤ人哲学者。当時栄えていた文化都市アレクサンドリアの裕福な家庭に生まれる。古代キリスト教神学と聖書解釈に多大な影響を与えた。

(16) フラウィウス・ヨセフス
ユダヤの歴史家。エルサレムの祭司の家系に生まれる。六六年に勃発したユダヤ戦争（対ローマ）にユダヤ軍の司令官として参加するが敗れ、降伏後、この戦争の顚末を記した『ユダヤ戦記』を著す。著作に『ユダヤ古代誌』『アピオーンへの反論』などがある。

何より、旧約聖書のギリシア語訳（いわゆる七十人訳。(17)紀元前三～一世紀に成立）が存在していたことは、福音宣教にとって決定的な意味を持っています。*3 初代教会はこの聖書を用いて、異邦人たちに伝道し、説教したからです。

こうしてユダヤとギリシアの教養を合わせ持っていたパウロ(18)は、ユダヤ人にもギリシア人にも救いをもたらす（ローマ人への手紙一章一六節）キリストの福音を宣べ伝えることが可能だったのです。

③宗教的要因

三番目の要因は、宗教的状況です。当時すでに、同じ聖書の神を信じるユダヤ教が地中海世界全体に広まっていました。パウロもまた、まずはユダヤ教会堂（シナゴーグ、次頁のイラスト参照）に行って伝道したことはご存じのとおりです。新約聖書・使徒の働き一〇章や一六章に登場するコルネリウスやリディアのような異邦人でさえも、この神を畏れ敬う人々でした。聖書の神についての知識や信心が広く知れ渡っていたことは、大きな利点です。さしずめ「小さいころに日曜学校に行ったことがある」という

(17) 七十人訳聖書
「世界語」となったギリシア語に翻訳し直された旧約聖書。ある伝承によれば、七十人（厳密には七十二人）の学者が最初に律法部分を翻訳したため、全体が「七十人訳」と呼ばれるようになった。

(18) パウロ（サウロ）
最初期キリスト教最大のユダヤ人伝道者。ローマの属州キリキアの州都タルソに生まれ、ローマの市民権を持っていた。
厳格なユダヤ教徒としてキリスト教徒を迫害する立場だったが、迫害に向かうダマスコ途上で回心し、地中海世界でキリスト教宣教を展開する。ローマで殉教。新約聖書にある多くの書簡を残す。

経験に匹敵するものでしょうか。

また、当時、さまざまな得体の知れない密儀宗教（カルト）が流行っていたことも、伝道の背景として重要です。

今の日本でもそうですが、カルトが流行するのは、社会不安が増している時代だからです。いつの時代でも、将来を見通せないまま重くのしかかる現実の不安の中で、それに対する救いを与えてくれる手近なものを、人は求めるものです。

とりわけ、形式的な伝統的儀式宗教とは異なり、人々の具体的ニーズや魂の飢え渇きに応えようとする宗教が広く受け入れられていきました。

以上述べてきたような種々の外的要因は、歴史を導く神によって与えられた〝福音の備え〟

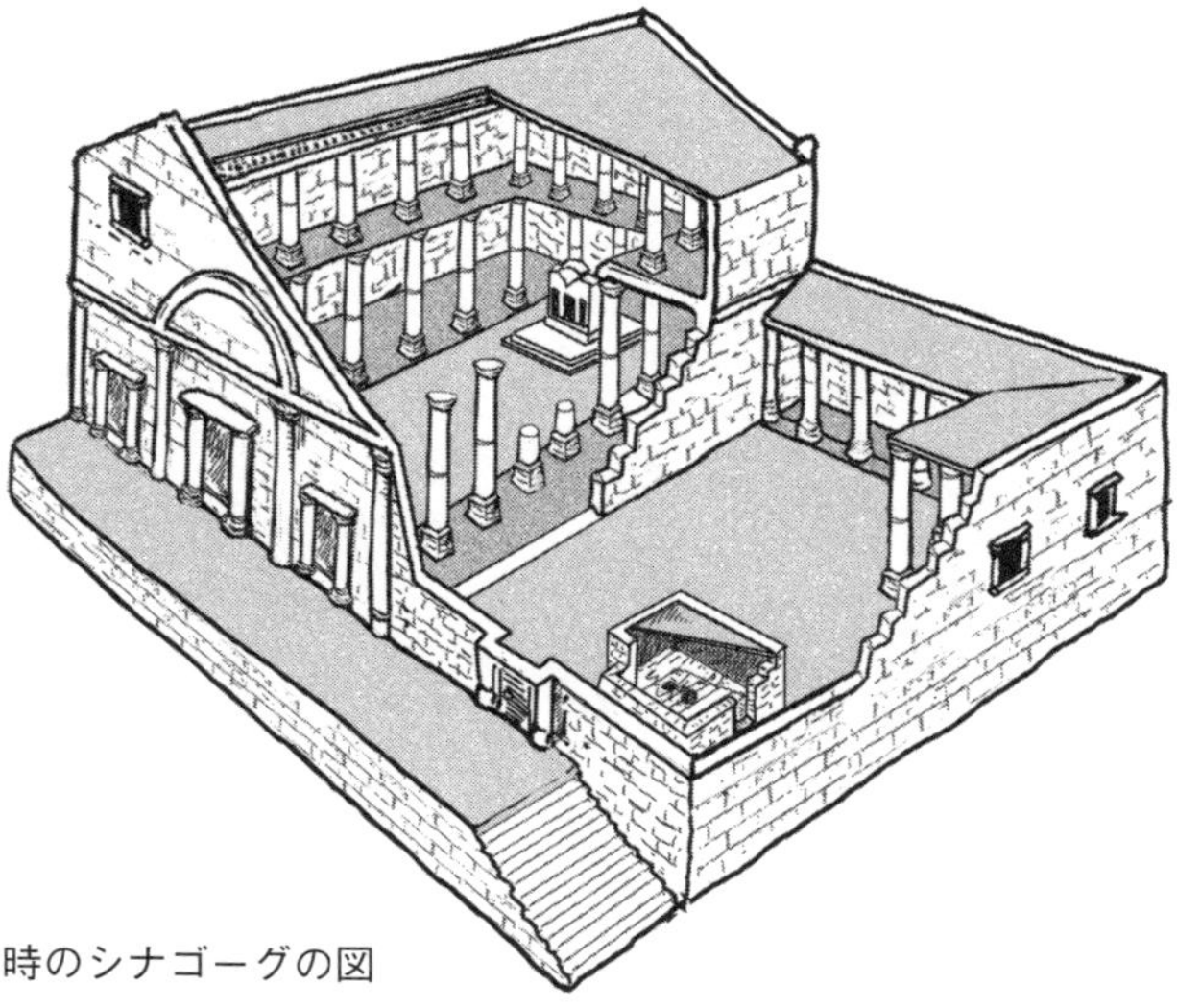

当時のシナゴーグの図

であったと、後に語られるようになります（たとえば、エウセビオス(19)『福音の備え』）。しかし、外的要因が即、キリスト教徒の増加につながるわけではありません。それではなぜ、キリスト教だけがローマ帝国において成長を続けることになったのでしょうか。

初期キリスト教会成長の内的要因

先に言及した研究（『キリスト教とローマ帝国』）において、スタークは、初期キリスト教会の成長要因として考えられるいくつかの合理的理由を述べています。それらを参考にしながら、成長の内的要因を探ってみましょう。

①人々の必要《ニーズ》に応える宗教

第一に、当時の人々の社会不安に対して、真の意味で答えることができる宗教が他になかったということです。

ローマ帝国内で公認されていた宗教は、国家的・民族的・伝統的宗教で

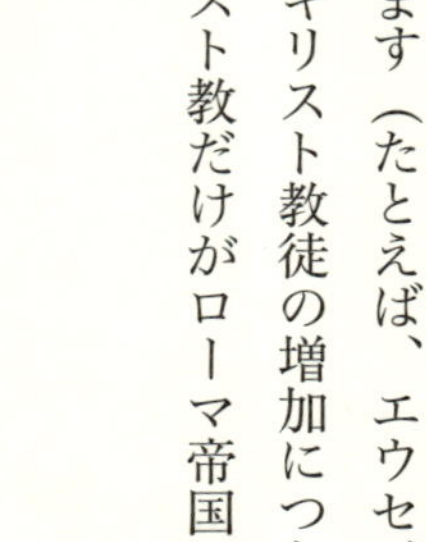

(19) エウセビオス（二六三?～三三九年頃）

カイサリアの主教。三二五年に最初のキリスト教史として『教会史』を著した。「教会史の父」と呼ばれる。生涯にわたって膨大な著作を残した。

キリスト教公認に踏み切ったコンスタンティヌス帝を、「救いをもたらした皇帝」として讃え、皇帝は地上における神の像であるとする皇帝理念を創出した。

アルテミス神殿の遺跡（エペソ）。かつては総大理石で127本の円柱が並び、19メートルの高さを誇る神殿だった（画像・Adam Carr at the English Wikipedia）

した。しかし、それらの儀式的宗教に人生の解決を見いだせない人々が、キリスト教に魅力を感じたのです。もちろん、キリスト教のみならず、他の身近な宗教に行った人たちもいたことでしょう（詳しくは、章末コラム「ギリシア・ローマの宗教事情」参照）。

しかし、以下に指摘するような他宗教との違いがやがて明らかになるにつれて、キリスト教は信用性を増していったのでしょう。

また、特に初期においては、やがて来る救い主（メシア）を

アルテミス神殿復元模型（画像・Zee Prime on wikipedia）

強く待望[20]していたユダヤ教徒たちが、「イエスこそメシアである」との福音（良き知らせ）に心惹かれたケースも多かったのではないかと思われます。

②多様な社会階層の受け入れ

第二の要因は、初期キリスト教会がさまざまな社会階層の人々を受け入れたということです。とりわけ貧困層など、社会の底辺にいた人々が多かったといわれます。しかし、実際には、裕福な人々や教育ある人々、社会的に高位の人々もいたようです。

パウロがギリシア哲学の中心地アテネ[21]で伝道したとき、ギリシア的教養[22]を身につけた人々に対して、彼はじつに知的な説教をしましたが、大半の聴衆は馬鹿にしたとあります（使徒の働き一七章一六節以下）。パウロのような大伝道者でもうまくいかないことはあるのだと、慰められます！　しかし、何人かは反応した。その中には裁判官もいれば女性もいました（同三四節）。また、これに前後して、ギリシアの「貴婦人」（同一二節）や天幕作りの職人（同一八章三節）もいたことがわかります。

(20) メシア（救い主）待望
神がその民の救いのために、「メシア」を派遣するという預言が旧約聖書に記されている。イエス時代のユダヤ人は、この旧約の預言をローマ帝国の圧政という現状と照らし合わせ、「神の民を解放してくれる（政治的な）メシア」を強く待ち望むようになっていた。

(21) アテネ（アテナイ）
古代ギリシア全盛時代（前五世紀）の中心的都市のひとつ。ローマ帝国時代は小さな地方都市となったが、アイスキュロス、ソクラテス、プラトン等を生んだ、世界最大の学園都市、哲学・文学・科学・芸術の都。

日本の教会の歴史が武士階級から始まったからいけないとか、聖書を学ぶ知的宗教として輸入したために庶民に広がらなかったのだと、時折言われます。しかし、本当にそうだろうかと思うのです。そうではなく、ひょっとすると特定の階層だけが重んじられたり、特定の人々しか関われないような教会形成をしてきてしまったからではないか。そんなふうに、思わずにはおれません。

古代教会には、じつにさまざまな人々がいました。教会は、貧しい人々だけに伝道していたわけではありません。そこには裕福な人

アテネ市街を見渡せるアクロポリスの神殿。海抜150メートルの巨大な石灰岩の上にあり、三方が断崖絶壁に囲まれている（ギリシア）

(22)ギリシア的教養

新約聖書の中には「ギリシア語を話すユダヤ人」が登場する。ギリシア人にかぎらず、ギリシア語を話す人々は「文明人」と呼ばれ、それ以外の人々は「野蛮人」とされていた。

イエス・キリストが生まれる二世紀前に、ギリシア帝国はローマによって滅ぼされていたが、ヘレニズム的な文化は、ローマ支配下の地域でも広まっていた。公文書もギリシア語で書かれ、各都市の政府組織もギリシア流にすることが多かった。

もいれば知的な人もいた。軍人もいれば商人もいました。まさに社会の縮図であったのです。しかし、それらの人々が不思議にも、皆心を一つにして、互いを尊びあって、ただイエス・キリストのみを頭《かしら》として集まっていたし、集まることができた。そのことが重要なのだと思います。だからこそ古代教会は、多様な社会階層の人々にアプローチできたのでしょう。

③隣人愛の実践

三番目の大切な要因は、教会が隣人愛をもって仕える共同体だったということです。古代ローマ帝国でも、疫病(23)や自然災害(24)など、多くの人々の命を奪う出来事は起こりました。そのような中で、被災者を実際に救助するだけでなく、人々の生活や心に寄り添いながら心身ともに支え続けた教会共同体への信頼。とりわけ、かよわい命へのケアに心を配ったことによって、教会では高い生存率が確保されたのではないかと推測されています。

古代ローマ社会は、貧富の差が非常に激しい社会だったため、金持ちは生き残るが貧者は早死にするのが普通でした。ところが、教会には貧しい

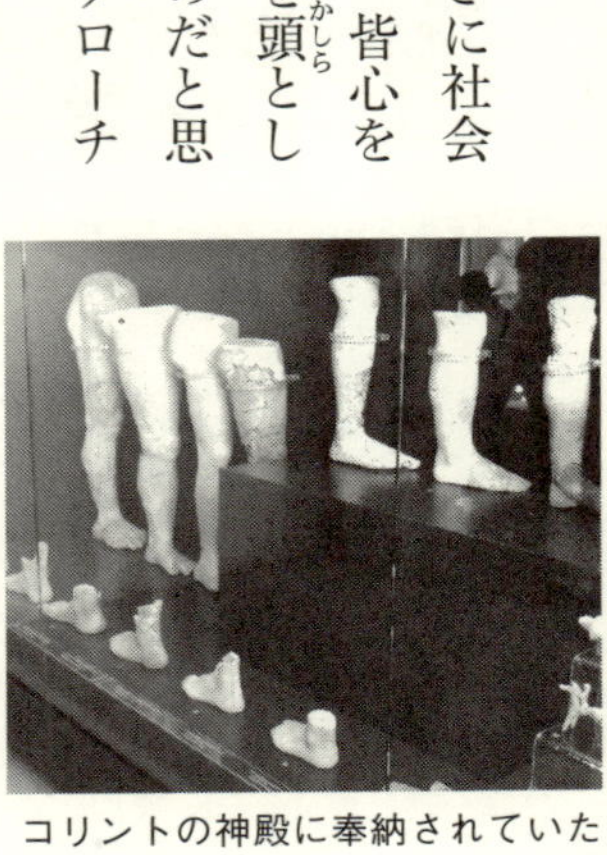

コリントの神殿に奉納されていた病気の患部の模型

(23) 古代ローマの疫病
三世紀に起きた「キプリアヌスの疫病」では、ローマでは一日に五千人の死者を出し、エジプトでは人口の三分の二が死滅したと推測されている。

(24) 自然災害
初代教会の舞台である小アジアは地震多発地帯。地震で崩れた建物の部材は、石畳の補修にも使われた。震災後に町が移転することもよくあった。

人々がたくさんいたにもかかわらず、それを助ける豊かな人たちもいました。

たとえば、自分の土地を売ってそれを貧しい信徒たちのために差し出したバルナバ(25)のような人々がいました（使徒の働き四章三四節以下）。小さな子どもであれ高齢者であれ、困っている人や貧しい人や弱い人々を教会は助けた。一般社会では見放される人々を、教会は大切にしたのです。そのような働きによって得られたのは社会的信頼、そして、それによって確保された人々の命でした。

④女性の働き

キリスト教会という共同体において、とりわけ顕著だったことが、女性たちの働きです。これが四番目の要因です。

当時、女性は低年齢で結婚しました。イエスの母マリアも、おそらく十二〜十四歳の娘だったことでしょう。今ならスキャンダルになるかもしれませんが、当時はめずらしいことではありませんでした。本人同士の恋愛よりも、親や男性たちの意志が優先されていたからです。そして、早く

(25) バルナバ
キプロス島出身のユダヤ人。「バルナバ」（「慰めの子」の意）はあだ名で、本名はヨセフ。イエスの復活の説教を聞き、所有していた畑を売って、その代金を差し出した記述が新約聖書に記されている。
キリスト教徒を迫害する側から回心したパウロを寛容に受け入れ、ともに「異邦人伝道」を行ったことでも知られている。

に出産します。子どもが、世継ぎや労働力として考えられていたためです。

今日でも、たとえば、アフリカの少女たちの多くが低年齢で結婚させられるのは、そのためです。しかし、低年齢での結婚(26)は、夫の身勝手で、若くして離婚させられるケースが多くなることを意味していました。したがって、若いうちから寡婦になり、働く手段がないという女性が山ほどいたのです。さらに、低年齢での出産ゆえに命を失う女性も多かったでしょう。

そのように不遇な、働くすべもなければ社会保障もない女性たち、さらには奴隷の身分にあった女性たちでさえ、教会では大切にされました。教会は彼女たちを霊的にも物的にも救いました。それだけではありません。キリスト教会においては、女性たちの活躍の場がありました。女性の奉仕者や伝道者たちが、新約聖書の中には何人も出てきます。

たとえば、新約聖書の「ローマ人への手紙」一六章一節に、「教会の奉仕者」であるフィベという女性が出てきます。おそらくは、この人がパウロの手紙をローマに届けたのではないかといわれています。この女性が務めを果たさなければ、「ローマ人への手紙」は残っていなかったのかもしれないのです。そのように、非常に重要な役割をパウロ先生から託されて、

(26) 低年齢の結婚

この当時、花嫁十二～十四歳、花婿二十代が一般的だった。

古代ローマでは「家父長権」により、娘は奴隷と同じく「所有物」であった。結婚は契約に基づいて、父親から夫に「売買」されるという形を取っていた。女性の権利は法律上皆無で、遺産の相続、贈与もできなかった。

命がけで務めを全うした女性がいました。

他にも福音を伝えた者、病人や孤児たちをケアした者など、キリストの教会で女性たちはさまざまに用いられました。「キリスト・イエスにあって……男と女もありません」（新約聖書・ガラテヤ人への手紙三章二六～二八節）という教えが教会では説かれ、そのとおり実践されたのです。このことによって、どれほど多くの女性が、物心ともに助けられたことでしょう。

⑤女性と子どもを大切にする共同体

そのように女性たちが大切にされることは、教会の成長にとって根本的に重要なことでした。それが五番目の要因です。なぜなら、たとえ夫たちが未信者（異教徒）であっても、妻がキリスト者であることで夫が福音に接してキリスト者となる可能性は、そうではない家庭に比べて格段に高くなったことでしょう（たとえば、ユスティノス[27]『第二弁明』には、夫に熱心に伝道する女性の話が出てきます〔六三頁参照〕）。

(27) ユスティノス（一〇〇頃～一六五年）
「護教教父」といわれるキリスト教最初期の神学者、古代キリスト教弁証家。一六五年、六人の弟子とともにローマにて処刑され、「殉教者ユスティノス」と呼ばれる。

パピルス紙に記された手紙（BC3世紀）。新約聖書の手紙も同じようにパピルス紙に記された

さらに、女性が大切にされる教会では、小さな命もまた守られました。悲しいことですが、古代ローマ社会では、赤ん坊の中絶(28)や間引き(29)が頻繁に行われました。いらない子どもは皆、簡単に捨てられました。特に女の子はそうです。文字どおりドブに捨てられたようです。そうした悲しい遺骸が、古代ローマの遺跡からはたくさん出てくるそうです。

そのような中で、キリストの教会は、たとい不要とされた赤ちゃんでも（それが女の子であれ男の子であれ）皆、神さまからの命として大事にしました。低年齢で出産した女性たち自身も教会で守られる。離婚されても、教会がその女性たちや子どもたちを保護する。

こうして、キリスト教徒の集団では、古代ローマ帝国における他のどの集団にもまして、命が大切にされたのです。その結果、教会にはたくさんの女性たちや子どもたちがあふれました。教会は、まるで一つの家族のようにして成長していったのです。

⑥命をかける値打ちのある信仰

初期キリスト教会成長の六番目の要因は、殉教を覚悟したキリスト者た

(28) 中絶
当時、家長が家族の生殺与奪の権利を握り、夫が妻に中絶を命じるケースがほとんどだった。致死量よりわずかに少ない量の毒を飲んで流産を引き起こす方法は、胎児だけでなく多くの母親の命も奪った。中絶理由として、不貞行為隠蔽や経済的事情がほとんどだった。

(29) 間引き（嬰児《えいじ》殺し）
「捨て子」は法律でも正当化され、プラトンとアリストテレスも「間引き」は正当な国策と認めていた。紀元前四五〇年頃にできた「十二表法」では、父親には女の新生児と奇形、または虚弱な赤ん坊を捨てる権利が認められていた。

ローマのコロセウム(円形闘技場)。ローマ市民の娯楽として、この場所で多くのキリスト教徒が野生動物の餌食や剣闘士と戦わされ、命を落とした。写真では、床下の施設がむき出しになっている（画像・Jean-Pol GRANDMONT on wikipedia)

ちの信仰です。

最初の三世紀にわたって、帝国における激しい迫害の中で多くの殉教者(30)が生まれました。その迫害は、しばしば公衆の面前でなされました。そこで多くの指導者たち、老若男女の信徒たち、そして子どもたちでさえも迫害にさらされて命を落としていったのです。

それにもかかわらず、彼らは最後まで信仰を捨てませんでした。このことがむしろ、キリスト教の宗教としての価値を世に知らしめる結果になった、ということです。彼らが信じていることとは、そんなにも価値のあることなのか、と。

殉教が人々を回心に導くわけでは、

(30) 迫害下の殉教者

非公認宗教という理由のみならず、皇帝崇拝を拒否するキリスト教徒に対し、迫害が始まる。

ネロ帝（五四〜六八年）の治世に起きた「ローマの大火」がキリスト者の放火によると流言され、大規模な迫害が起こる。キリスト教徒たちは、競技場でライオンの餌食にされたり、皇帝の宴会で「人間ろうそく」にされたりするなど、その迫害は苛烈さを極めた。

ネロ帝の頭像
（画像・Shakko on wikipedia)

必ずしもありません。あんなひどいことをされるのなら自分は信じないという人もいたでしょう。一度は信じたものの、身の危険を感じて棄教[31]した人も少なくありませんでした。

殉教がアピールしたのは、むしろキリスト教という宗教が持っている価値です。それが、命をかける値打ちのあるものかどうかということです。自分が信じるか信じないかは別にして、少なくともあの人たちにとって、キリスト教という信仰がどれほど大切な信仰なのかということを、人々は認めざるを得なかったのです。

この時代にキリスト教徒になるには、時間がかかりました。ローマ教会に伝わる伝承をまとめたヒッポリュトス[32]の『使徒伝承』[*4]（二一五年頃？）という書物によれば、最低三年はかかったようです（同一七）。迫害下でしたから、洗礼を授けてもすぐに棄教する可能性があります。悪くすると、仲間を裏切って密告することさえありました。ですから、簡単には洗礼を授けなかったようです。しかし、入信を慎重にさせることによって、キリスト教徒になることは重大な決断をすることなのだということ、それだけに与えられるもの（永遠の命）もまた価値あるものなのだと、人々は理解し

(31) 棄教
自らの信仰を放棄すること。棄教者が続出したため、迫害終息後には教会内部に、ひとたび信仰を棄てた者は教会の交わりに永久に復帰できないのか、棄教者たちにも救いの道がまだ残されているのかなどについて深刻な議論が巻き起こった。

(32) ヒッポリュトス（一七〇年頃～二三五年頃）
著述家、最初の対立教皇（正当な教皇に対抗して立てられた教皇）。キリスト教異端であるサベリウス主義や、当時の教皇を批判し、ローマ教皇と対立。後に流罪となり、そこで死没。多くの著作を残す。

たことでしょう。

⑦強力な共同体と帰属意識

初期キリスト教会成長の要因として、最後に挙げられているのは、大衆運動による強力な共同体形成と帰属意識です。

キリスト教会という集団は、じつに不思議な集団でした。特定の社会階層の組織やクラブとは根本的に異なり、時には同じ家の主人と奴隷とが同じ教会に行き、同じ神を礼拝する。本来なら同席するはずもない、身分も教養も異なる人々が、イエス・キリストという名を中心として共に礼拝し、互いに愛し仕え合う。さらには、この「キリスト」という名を自らのアイデンティティとして「キリスト者」(33)（新約聖書・ペテロの手紙第一、四章一六節）を名乗り、老いも若きも、富者も貧者も「私たちはキリストのものです。キリストにあって一つのからだです」と告白する（新約聖書・コリント人への手紙第一、一二章二七節参照）。これほど強い共同体意識を持つ集団は、

ローマの奴隷の付け札。「逃亡している奴隷を見つけた人は、その持ち主に送り返してほしい」と書いてある

(33) キリスト者　ギリシア語では「クリスティアノス」。「キリストに属する者」「キリストの奴隷」という意味。自分たちで言い始めたのではなく、キリスト教徒以外の人たちから、「キリストを信じている奴ら」のように、嘲《あざけ》りの意を込めて付けられた用語。

稀有の存在だったということです。

ユニークな存在としての教会

以上、七つの要因は、必ずしも成長を積極的に推進するような内容ではないかもしれません。しかし、いずれも古代ローマ社会において、教会がじつにユニークな存在であったことを示すものばかりです。命が軽んじられ、女性たちが貶《おとし》められ、さまざまな差別構造が支配している社会において、一人一人を大切にする教会は特異な存在でした。結果として、教会に人が集まり、保護され、キリスト者人口が高い率を占めるようになった。このようにスタークは説明しています。

決して何か驚くような宣伝をしたからでも、特別な秘訣や方策を持っていたからでもない。彼らが確信していた信仰による価値観に基づいた共同体[34]——イエス・キリストの福音に基づく共同体——に自分の家族や友人や近所の人たちを招き、一人一人を大切にする堅固な共同体を築いていった。十年に一・四倍というスピードで、ゆっくりと成長を続けていった。それ

(34) 教会の共同体
一世紀に記された書簡（小プリニウスがトラヤヌス帝に宛てたもの）には、外から見た当時の教会について、以下のように記されている。
「定められた日の夜明け前に集まって、神に対してするようにキリストに讃美を唱和し、……盗み、強奪、姦淫、背信を慎しみ、預り物の返還を要求された時にはそれを断わらない、という誓いを立てる習わしであったと申します。この儀式が終わると一たん別れて、そこから再び食事のために集まるのが彼らの習慣でありました。」（『キリスト教文書資料集』ベッテンソン編）

が、初期キリスト教会の驚異的成長の理由であると。ハルナックという歴史学者は、こうも言っています。

我々が問わねばならないことは〝いかにキリスト教が多くのギリシア人・ローマ人を獲得して数の上で最強の宗教になったか〟ではなく〝いかに自らを表現することで、キリスト教が必然的に世のための宗教になり、他宗教に代わって人々を磁石のように引き付けるに至ったか〟ということである。*5

つまり、私たちが古代教会から学ぶべきことは、どうすればこんなふうに成長できるのか、という教会成長の秘訣やノウハウではなく、彼らがどのように世に対してキリスト教信仰を表し、「世のた

教会の壁画に描かれている女性と子どもたち。古代社会では、女性や子どもを大切にする共同体はユニークだった（ピリピの聖リディア教会）

めの宗教」となり、またそうあり続けることができたのか。初期のキリスト者たちがもっていた信仰とはどのようなものであったのか、彼らが形成しようとしていた教会とはどのような教会であったのか、それを私たちは問わなくてはならないということです。その信仰姿勢と教会形成の在り方にこそ、必然的に世界の宗教となり得る要素を含んでいたのだというのです。

そのようなキリスト教形成の本質について学ぶ前に、初期キリスト教の福音宣教の在り方や姿勢について、もう少しだけ詳しく学んでみましょう。

現在のネアポリス港(ギリシアのカヴァラ)。かつてパウロがアジアから船出し、ヨーロッパへ到着したネアポリスは、今も港町として栄えている

ギリシア・ローマの宗教事情

古代ギリシア・ローマの宗教は多神教であり、その特徴において日本の国の宗教事情と多くの点で似かよっている。

まず、自然界や人間の日常の諸経験を反映する多くの神々がいた。ある神々は自然のさまざまな現象に関わっており（天空の雷神ゼウス、海の神ポセイドンなど）、ある神々はより人間の生活に関わっていた（愛の神アフロディテ、芸術や医術の神アポロンなど）。

ギリシア神話最高神ゼウス像

神話に描かれる神々は、不死ではあるが全能ではなく、人間のように行動して、地上に恩恵をもたらすことも不幸をもたらすこともあった。特定の教義や経典もなく、同じ神でも場所によって異なる性格付けがなされる場合もあった。

ローマ帝国は、ギリシア征服後にその文化や宗教の多くを取り入れたため、ギリシアの神々とローマの神々の融合が生じた。これらの神々のための多くの像が作られ、その祭儀や祝祭が各地で行われた（オリュンピア大祭

オリュンピアのゼウス神殿（復元図）

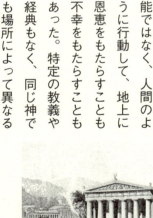

Column

＝オリンピック競技は、その一つ）。

　また、それに伴うビジネスも発達したようである（エペソのアルテミス神殿の模型販売など。使徒の働き一九章二三節以下参照）。

　このような伝統的宗教と並行して、民間レベルで流行していた信仰には、星辰《せいしん》信仰や占星術、悪霊信仰や悪魔祓い、呪術や魔術などがあった。これらは、人間には知りえない運命や、不可思議な諸現象の秘密を探ろうとする好奇心に基づく信心である。とりわけ、運命を占う占星術は、政治的指導者たち

占星術師を重用したティベリウス帝

にも取り入れられた。
　伝統的な自然宗教にせよ民間信仰にせよ、いずれも人間の経験や欲望に基づいており、それを助長するものであった。
　しかし、このような信心にあきたらず、より深い教義や秘儀や戒律にあずかることで救いを得ようとする人々は、密儀宗教へと足を向けた。そこには、この世の運命や死を超える教えや、儀式に基づく共同体が形成されていたからである。

ローマで1～4世紀に隆盛した密儀宗教「ミトラス教」。主神の太陽神ミトラスが牛を屠っている像

二章　古代教会の伝道の諸側面

伝道の動機

①神の愛

初期のキリスト教会はどのような動機に促されて、イエス・キリストの福音を伝えたのでしょうか。言うまでもなく、第一の動機は「神の愛」です。神はこの世を愛された。ひとり子を賜うほどに私たちを愛してくださった（新約聖書・ヨハネの福音書三章一六節）。私たちだけではない、あの人もこの人も愛してくださった。この神の大きな大きな愛が、彼らを伝道へと押し出しました。

今日のフランスにあるリヨンの町で教会の監督として働いたエイレナイ

(1) **エイレナイオス**　二世紀の神学者、リヨンの司教。終生その地の教化に努め、多くの回心者を得た。五巻からなる著書『異端反駁』では、異端の詳細を述べ、グノーシス主義を論難し、初期キリスト教の貴重な証言を残している。

オス[1]（一三〇～二〇二年頃）という指導者が、次のような祈りを捧げています。

私たちとしては、彼ら〔異端者たち〕が自分たちの掘ったわなにいつまでも留まることをせず、そのような母から離れ、ビュトス〔深淵〕から出て、空虚さから遠ざかり、闇を棄て、神の教会へと立ち帰って嫡出のものとして生まれ、彼らのうちにキリストが形造られ、彼らが唯一の真の神にして、万物の主にしてこの〔宇宙〕万物の製作者であり、作成者である方を識るに至ることを祈る。私たちが彼らについて以上のことを祈るのは、彼らを愛するからであるが、〔この私たちの愛は〕彼らが自らを愛していると思っている〔その愛〕よりも有益である。私たちの方からの愛は真のものであるゆえ、彼らがそれを受けさえすれば、彼らに救いをもたらすからである。*6

エイレナイオスは、当時広まっていたグノーシス主義[2]というキリスト教史上最大の異端思想（「異端」については一二二頁参照）に対して、正統的キ

(2) グノーシス主義　グノーシスとは、ギリシア語で「認識」「知識」を意味する。
その一番の特徴は、霊魂と物質とを大別する二元論である。霊魂を崇高なもの、物質を下等なものとみなす彼らは、キリストの受肉を否定したり、唯一神による天地創造に疑問を呈したりした。

リスト教とは何か、真の福音とは何かについて『異端反駁』という大部の書物を書き残した人です。その書物の中にこの祈りが出てくるのですが、異端者や異教徒たちのために祈りながら、彼は書いているのです。異端者や異教徒たちのどこが間違っているのか、何が本来の福音なのかを説明しているときに、自然とエイレナイオスは祈りに導かれている。彼らがどうか神の教会に立ち返り、ふさわしく生まれ変わりますように、そうしてキリストが彼らの内に形づくられますように、と。

いつの時代でも、キリスト教の異端と呼ばれるグループがあります。それを熱心に信じている人たちがいます。初めから異端になろうと願う人などいません。しかし、私たちはどれほど彼らのために祈っているでしょうか。そして、どれほど彼らを愛しているでしょうか。せっかくキリスト教に惹かれ、聖書を手にしながら、福音ではないものに行ってしまった人々のために、エイレナイオスは懸命に祈っている。「私たちが彼らを愛している愛は、彼らが自分を愛していると思っている愛にまさるものです」と言ってはばからない。それは真実の愛ですから、神はきっと彼らを救いに導いてくださるに違いないと、信じつつ願いつつ、彼は書物を書くのです。

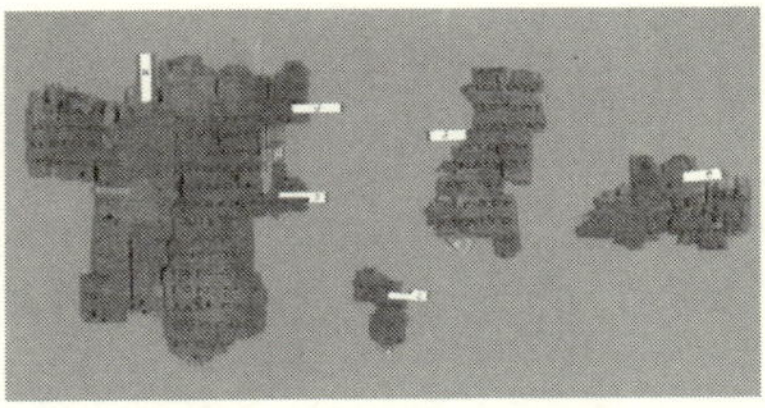
パピルスに記された、エイレナイオスの『異端反駁』の断片（200年頃のもの。ケンブリッジ大学図書館所蔵）

あまり馴染みがないかもしれませんが、エイレナイオスは、聖書解釈の歴史において、非常に重要な正統的解釈法と教理を打ち立てた人物の一人です。旧約聖書と新約聖書をつなぐ〝救済史〟という聖書の読み方によって、聖書全体から私たちが信ずべき福音を提示した神学者です。

けれども、それは単なる学問上の成果を上げるためではありません。そうではなくて、本当にこの聖書によって救われてほしい、否、私たち人間を救うためにこそ、神はこの書物を私たちに下さった。旧約聖書だけでも新約聖書だけでもない、旧新両約を貫く聖書全体が、教会にとって、人間にとって、なくてはならない神の愛の言葉である、と。

そのような熱烈な思いをもってエイレナイオスは書物を書き、教会を指導し、異端者たちを真の福音に導こうとしたのです。

②神の審判への恐れ

初期のキリスト者たちを伝道へと駆り立てた、もう一つの動機は、神の審判(3)・神の裁きへの恐れでした。主イエス・キリストが再臨するという信仰は、初期キリスト教会に顕著でした。再臨の時にはもう福音を伝えるこ

(3) **神の審判・再臨**
この世界の終わりのとき（終末）に、イエス・キリストが再び来られるという約束（再臨）。そして、死者と生者に対して、神の裁きが行われる（神の審判）ことを指す。

ミケランジェロ作「最後の審判」（システィーナ礼拝堂）
中央でイエス・キリストが裁きを下し、右下は地獄に、左下は天国に行く人々が描かれている

とができなくなってしまう。そのように間近に迫った神の審判の時が訪れる前に、何とかして多くの人々が救われるように、神の裁きによって苦しむことがないようにと、彼らは必死に願いながら伝道しました。

そのような中に、テルトゥリアヌス(4)（一六〇?～二三〇年頃?）という、北アフリカはカルタゴ出身の神学者がいます。キリスト教についての諸々の誤解（嬰児《えいじ》殺しや近親姦など）や非難（偶像崇拝・皇帝崇拝の拒否）に丁寧に応答しつつ、真の神への冒瀆に対する神の審判を警告します。

他方で、しかし、彼は「イエスさま、再臨をもう少し遅らせてくださ

(4) **テルトゥリアヌス**
キリスト教著作家、法律家。護教家として多数の著作を著し、ギリシア哲学、グノーシス主義を批判した。

い！」と、審判の時が少しでも遅くなるようにと祈るのです。[*7] それは自分たちが怠けるためでも、心備えが十分でないという理由からでもありません。いまだ福音を伝えていない人々がいる、いまだに信仰に至っていない人々がいるからです。

③救いへの招き

自分の救いのことだけを考えていれば、伝道など必要ないでしょう。しかし、私たちを救ってくださった方は生きておられるとのリアリティーが、彼らを伝道へと押し出しました。

一方では、イエス・キリストにあらわされた神の大きな愛、この愛によって救われなくていったい何が人を救うのだという想い。他方では、神の審判の時が迫っているとの緊張感。その狭間にあって初期キリスト教の人々、とりわけ指導者や伝道者たちは熱烈に人々を救いへと招いたのでした。

古代ローマ帝国における学問の一大中心地アレクサンドリア（エジプト）という町に、当代きっての神学者だったクレメンス[5]という人がいまし

現在のアレクサンドリアの港　（画像・Wing on wikipedia, Panorama of Alexandria, Egypt）

た（一五〇〜二一五年頃）。非常に優れた知性の持ち主でギリシア哲学に通じていた学者でしたが、その人がこんな文章を書いています。

> おお、人間たちよ、あなたたちは恩寵の神的な福音を持ち、懲罰とは異なる威嚇に耳を傾けるがよい、それらを通して、主は救い、恐れと恵みによって人間を教導なさるのだ。どうしてためらうことがあろうか。どうして懲罰を回避しないでいられようか。どうして賜物を受け取らずにいられようか。また、どうしてより善きものらを選び取り、悪に代えて神を、そして偶像崇拝に智恵を優先させずにいられようか、死に代えて生命を。[*8]

このように、畳みかけるような熱烈な訴えが長い文章で記されているのです。それはまるで伝道説教そのものです。こんなにも素晴らしい贈り物を神が私たちに下さったのに、なぜあなたたちは信じようとしないのか。なぜむしろ自分自身を滅びへと追いやるのだと、クレメンスは延々と訴え続けます。

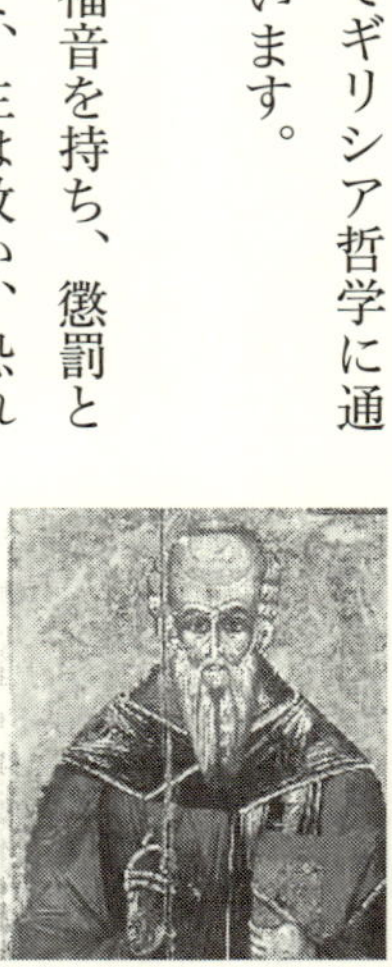

(5) クレメンス

初期キリスト教を代表する神学者。エジプトのアレクサンドリアで活躍したため、「アレクサンドリアのクレメンス」と呼ばれるが、エジプト出身ではなく、ギリシアのアテネの出身と考えられている。

生没年を含め、その生涯はほとんど知られていないが、流暢なギリシア語文体で記された著作から、高等教育を受けられる裕福な家の出であることがうかがえる。

著作の他の部分は読んでも全然わからないような難しい哲学的議論がなされているのですが、時折、まるで伝道説教の招きのような言葉が記されている。これは古代教会の神学者たちの大きな特徴です。彼らは、議論のためだけに書物を書いているのではない。ただひたすらに人々の救いを願って、神の愛を、神の裁きを、そして救いへの招きを記しているのです。

伝道者

〝だれが伝道したのか〟という問いへの答えは、あらゆる人が立場に応じて、です。

イエスの使徒たちは、主イエスからのご命令(6)どおり、世界中へと散らされて行ったと伝えられています（エウセ

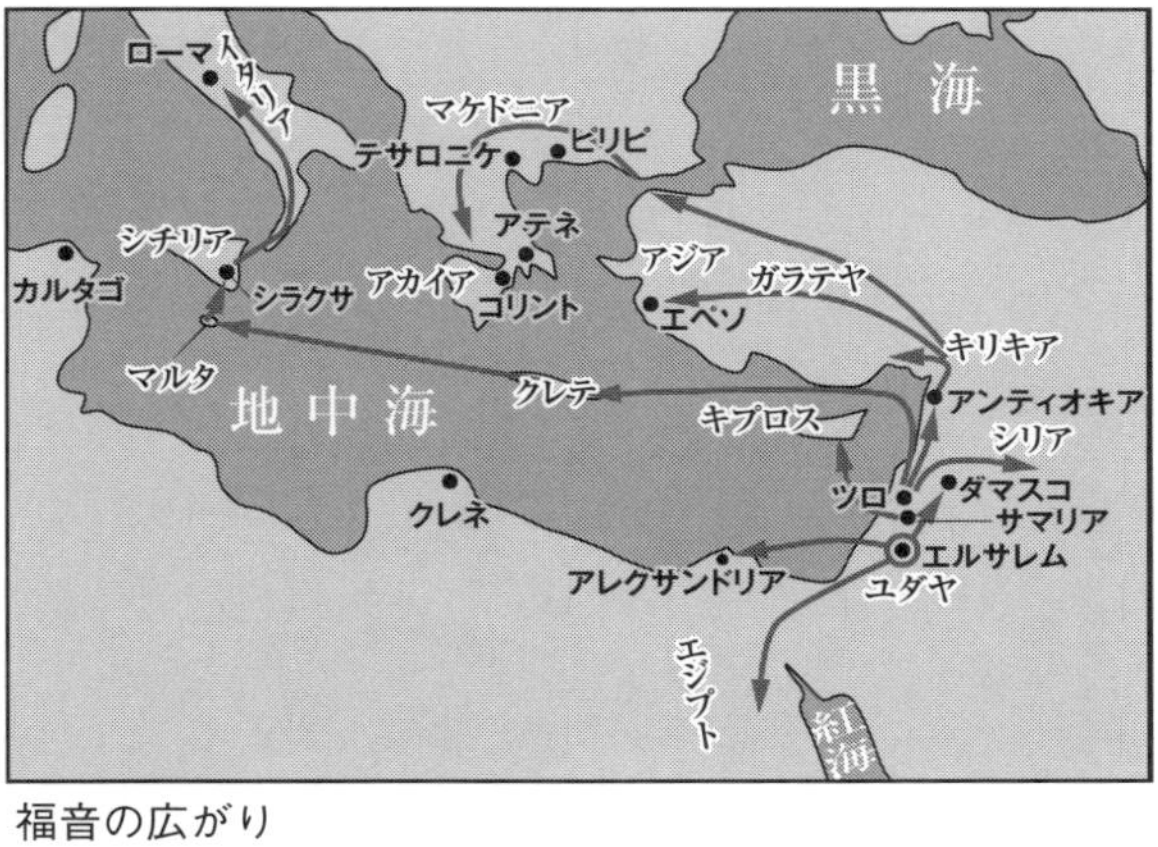

福音の広がり

(6) **大宣教命令**
イエス・キリストが十字架に架けられて死んだ三日目に復活した後、弟子たちに向けて語られた最後の命令のこと。その内容は、新約聖書のマタイの福音書二八章に記されている。
「ですから、あなたがたは行って、あらゆる国の人々を弟子としなさい。父、子、聖霊の名において彼らにバプテスマを授け、わたしがあなたがたに命じておいた、すべてのことを守るように教えなさい。」

ビオス『教会史』Ⅲ一、Ⅴ一〇）。十二人の使徒だけでなく、（パウロも「使徒」であったように）主からの権威を帯びて働く宣教者たちがいました。

初代教会にはまた「預言者」や「伝道者」と呼ばれる人々もたくさんいたようです（新約聖書・エペソ人への手紙四章一一節）。有名なプリスカとアキラ(7)夫妻も信徒伝道者でした（ローマ人への手紙一六章三節）。しばしば、この二人は、妻のプリスカの名前のほうが先に書かれていますから、おそらくは奥さんのほうが用いられていたようです（いつの時代も変わらない!?）。とにかく、パウロと並ぶような働きをしていた信徒伝道者たちは、「私の同労者」とさえ呼ばれていました。

さらに、先ほどのアレクサンドリアのクレメンスのような神学者と呼ばれる人々も、そして後から述べるような、訓練も受けていない一見何の賜物も持っていない信徒たちが、自分のできる範囲内で自分が関わる人々に対して伝道をしたという実例を、私たちは見ることができます。じつに、福音に生きる者すべてが証し人なのでした。

さすが
プリスカ、早速
伝道してるな
命の水は、
渇くことがない
のです

(7) プリスカとアキラ
ポントス（トルコ）出身のユダヤ人夫婦。ふたりの名前は、新約聖書の「ローマ人への手紙」「コリント人への手紙第一」「テモテへの手紙第二」に登場する。
天幕づくりを生業としており、「家の教会」の指導者的立場で、パウロとともに伝道旅行にも行ったことが記されている。

伝道の場所

伝道の場所もまた、あらゆる場所が用いられました。新約聖書の「使徒の働き」に見られるように、教会の使徒たちや伝道者たちは、公共の場所で大勢の人々を前にして伝道説教(8)をしました。

しかし、多くの場合、当時の伝道は家庭が主な舞台であったと思われます。古代ローマ帝国においてキリスト教固有の〝礼拝堂(9)〟という建物は存在しなかったからです。専用の教会堂が初めて現れるのは、キリスト教が公認された後の話です。それ以前の集会は、基本的に信者の家で

トラヤヌス帝が戦争の勝利記念に造った公共広場の遺跡（画像・Trajan's Forum, Rome, Markus Bernet on wikipedia）

(8) **公共の場での説教**
ローマにある公共広場（フォルム）では、公の集会が数多く開かれていた。
公共広場とは、元老院、神殿などの公共施設や柱廊によって囲まれた広場で、商業と社会生活の中心地でもあった。

(9) **キリスト教の礼拝堂**
キリスト教の礼拝堂が建てられるのは、キリスト教公認後の四世紀に入ってからで、現存する最古の教会はイスラエルにある「聖誕教会」（三三九年建堂）と言われる。

カタコンベの壁画「良き羊飼い」。羊を慈しむ羊飼いを、キリスト教徒は、間接的にキリストと自分たちに置きかえて愛好した。この当時、羊飼いと羊をモチーフにした壁画が多数残されている

行われていました。それが一つ一つの教会だったからです。

新約聖書に出てくる「エクレシア」というギリシア語を「教会」と訳すと、私たちは今日の教会堂をイメージしてしまうかもしれませんが、元の意味は単純に「集会」です。大勢集まる場合には、野外や広場や有名なカタコンベ（地下墓地）⑽などを用いることもあったでしょうが、通常はそれぞれの家庭に集まって「集会」をしていました。

新約聖書の「ローマ人への手紙」一六章に出てくる「○○の家の者によろしく」とパウロが述べている「家」とは、ですから、ほとんどの場合は建物というよりもそれぞれの家庭を指していたと思われます。込み入ったローマの町でいえば、おそらくは六畳一間の小さなアパートのような場所です。一つ一つの群れは、どんなに多くても二十人くらいだったのではな

イスラエルの地下に残るカタコンベの跡（Photo by Brouner Teddy, Copyright © 2019 National Photo Collection）

⑽ **カタコンベ（地下墓地）**　ローマ市の地下は、石を採掘し、下水道を整備した結果、トンネルが蜂の巣状の構造になっていた。肉体の復活を信じるクリスチャンや、ローマの慣習にしたがって火葬されることを避けるユダヤ人たちが、その地下通路に死者を埋葬するようになった。

迫害が始まると、クリスチャンたちが集まる、秘密の集会場の役割を果たした。

いでしょうか。それがローマの町中にいくつもある。そんな想像をしていただければよろしいかと思います。今日の家庭集会、もしくはスモールグループと同じです。

しかし、郊外の家の場合には、事情が異なります。たとえば、ユーフラテス川沿いの古代都市ドゥラ・エウロポス(11)で発見されたキリスト者

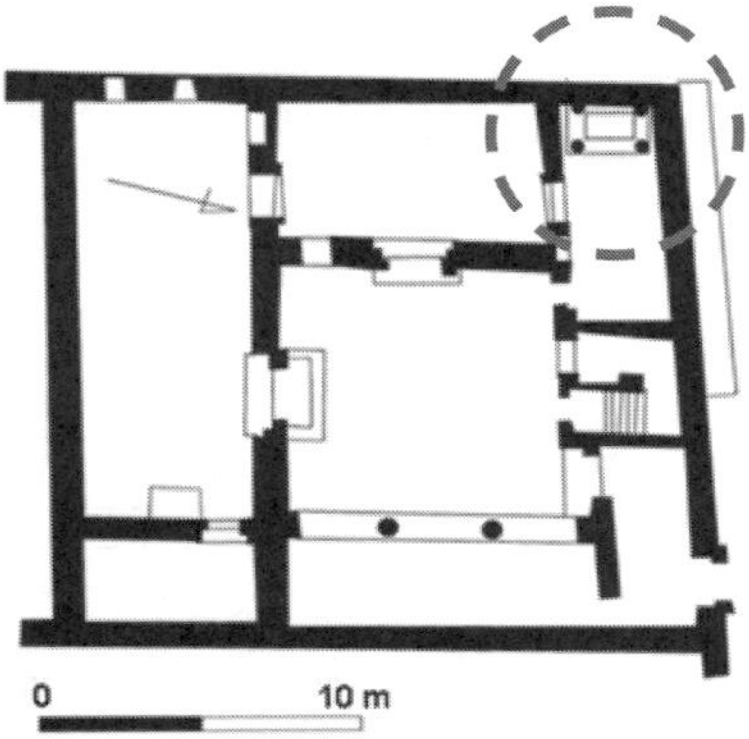

古代の典型的な民家建築。このような家に集まり、礼拝を行っていた
（画像・Udimu on wikipedia）

上掲の図面の右上○に位置する洗礼室の洗礼漕と壁画

教会として使用していた家の跡
（画像・Heretiq on wikipedia）

(11) **ドゥラ・エウロポス**　ヘレニズム時代からローマ帝政時代まで栄えた古代都市。現シリア東部でその遺跡が発見されている。考古学上重要な遺跡が多く発見され、もっとも初期のキリスト教の教会堂が発見された場所でもある（左写真参照、○で囲まれた部分が礼拝堂として使用されていた部屋）。

の家（おそらく三世紀頃）は、その一部または全部を教会のために（改造して？）用いていたようです。

このようなキリスト者たちの家には、しばしばキリスト教信仰を表すさまざまな壁画や象徴が描かれたりしました（有名なものとしては「イエス・キリスト、神の子、救い主」のギリシア語頭文字を組み合わせた〝魚（ΙΧΘΥΣ）[12]〟のマークや、「良き羊飼い」など）。

何しろ迫害下の教会です。地域によっての違いはあったでしょうが、その多くは目立つことなく、いくつもの小さな集まりが存在していた。それらを拠点として、主イエスの福音は確実に伝えられていったのです。

伝道の対象

では、どのような人々が伝道の対象だったのでしょうか。もちろん、あらゆる人々が対象だったわけですが、何よりもまずキリスト者たちが心血を注いだのは自分の家族や親族たちでした。こんな文章が残っています。

(12) イクソス（ΙΧΘΥΣ）

迫害下、集会の場所を示したり、互いにキリスト教徒と識別するために「秘密のしるし」として使われた「イクソス」(ichthus, 魚の意味)。*Iesous Christos Theou Uios Soter*（イエス・キリスト、神の子、救い主）の頭文字。

ある女性が放縦な夫と共に生活しておりました。以前には彼女自身も放縦にふけっていたのです。しかしキリストの教えを知ってから、自身は謹厳な生活に入り、その教えを示しつつ夫も同様に謹厳な生活に進むよう、説得の努力をしていたのです。そして、謹厳に、正理（オルトス・ロゴス）にそって生活を送らぬ者に下されるはずの、永遠の火による罰のことを話して聞かせたのです。*9

これは奥さんのほうが先にキリスト者になって、自堕落な夫を何とか説得してイエスさまを信じるように、「神さまを信じないと、あんたも地獄に行くヨ！」と半分脅しながら伝道したということです。自分もかつては神に裁かれてもしようがない生活を送っていたが、イエスさまに救われてから、夫に一所懸命伝道するようになったということです。

次の文章も興味深いものです。ケルソス(13)という異教徒の哲学者でキリスト教を批判していた人物が、こんなことを言ったそうです。

われわれは家々の毛織物職人や靴職人、洗い張り屋、その他のおよ

(13) **ケルソス**　二世紀後半、反キリスト教著作活動をしたローマのプラトン主義哲学者。キリスト教信仰の根拠、重要な教理をすべて否定した。その思想内容は、オリゲネス著『ケルソス駁論』八巻のみから知ることができる。

そ教養を欠いた粗野な者たちが、自分たちよりも年上で思慮のある主人の面前では敢えてしゃべることを控えているのを目にする。ところが彼らは自分の子供たちや一緒にいる無知な女たちを密かにつかまえては、驚くべきことを語る……。いかに生きるべきかを教えるのはただ自分たちのみである。もしも子供たちが自分たちを信じるならば、彼らは幸いになり、家庭を幸福にするであろう、などと。[*10]

つまり、ローマ社会で職人として働いている人たちは、いわゆる知的労働者ではないために、教養を身につけているわけではなかった。実際、年長者や賢明な主人たちの前では一言も言えない。ただ黙々と仕事をするしかできない。ところが、その職人たちが、結婚したり子どもをもうけたりすると、自分の妻や子どもたちに対しては、滔々《とうとう》と立派なことを話し始める。「私たちは人間として、こう生きなくてはいけない」とか、「子どもは親に従わなくてはいけない」とか「夫婦は仲良くしなくてはいけない」とか、「盗んではいけない」とか、「殺してはいけない」[(14)]とか……。

彼らは字が読めませんから、書物からではなく、教会で教えられたこと

(14) **十戒**
おそらくこれらは旧約聖書の十戒に基づくと思われる。キリスト教会の礼拝では「十戒」が生活の指針として、しばしば用いられた。

や説教で耳にしたことを自分の妻や子どもたちに教え諭す、というわけです。ケルソスはそれを馬鹿にして述べているのですが、逆に言えば、そういうことがキリスト者の日常の中に確かにあったということの証拠です。

キリスト者たちのだれもが教養を豊かに身に着けていたわけではない。本当に字も読めない人たちもたくさんいたことでしょう。しかし、そういう人たちでさえ、確かに公衆の面前では何も言えなかったかもしれませんが、家族に対しては一所懸命教えていた。教会で先生から聞いたことや礼拝の説教で習ったことを、自分の家族に対してはまるで牧師のように話して聞かせていたというのです。家族が神の祝福にあずかるためです。

伝道の方法

①良い行いによって

すでに述べたように、多くの信徒たちは、生活そのものを通して「証し」をしていました。次のように書かれている文書があります。

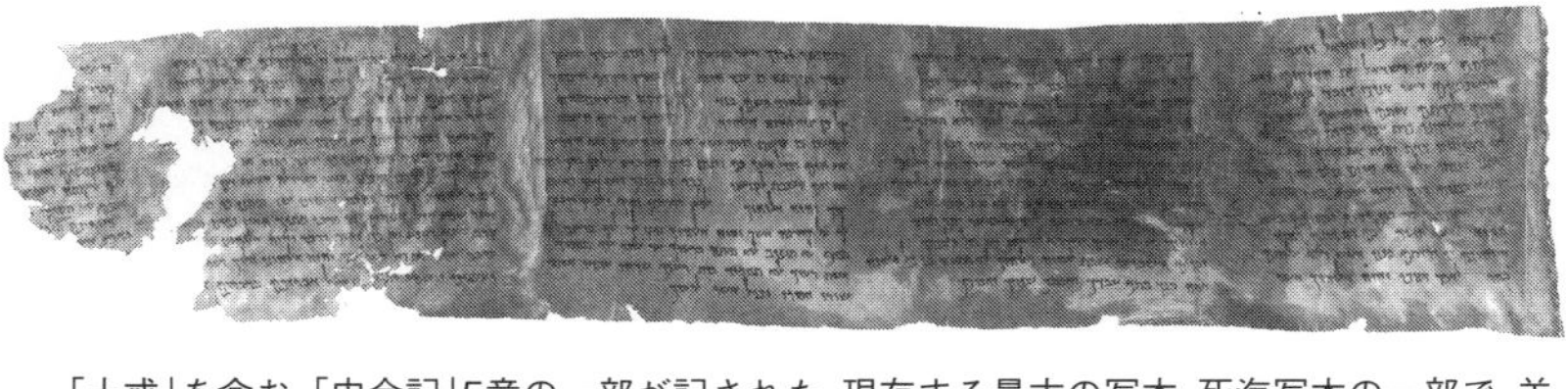

「十戒」を含む「申命記」5章の一部が記された、現存する最古の写本。死海写本の一部で、羊皮紙に書き記されている（紀元前１世紀頃）

わたしたちのあいだでは、たしかにあなたがたは、教育のない人々や手職人や老婆をみかけられるでしょうが、たとえ彼らが教えの持つ利点を言葉で理路整然と証明することができなくても、その行動（わざ）によって、教えへの献身から立ち現われる利点を公に示しているのです。*11

今度は、家族にさえも上手に説明できない人々です。説教を聞いたり聖書を学んだりして、それを信じているのだけれども、いざ自分で説明するとなるとうまく説明できない。しかし、彼らは自分の行いによって、自分の生き様によって語っている。御言葉の教えを生きることによって、キリストの福音、聖書の教えのすばらしさを証ししているというのです。

教会で習った人の生きるべき道を、彼らは忠実に生きた。その生き様(15)は、当時のローマ社会にあって、じつに目を見張るようなものであったろうと思います。だれに対しても差別しない丁寧な物言い。貧しい人や弱い人々に対する惜しみない愛情や親切。捨てられた小さな子どもたちや女性たち、そして高齢者へのケア等々。彼らは、いったいどこからそんなことを学ん

(15) キリスト者の生き様　キリスト教公認に否定的で、多神教を推奨していたユリアヌス帝でさえ、疫病が大流行した際に、このような手紙を残している。「不敬なガリラヤ人たち（クリスチャンのこと）は貧しい仲間だけでなく、われらの貧者にも救いの手を差し伸べるというのに、われわれにはそうした慈悲の心が欠けているのは恥ずべきことだ。」（『キリスト教とローマ帝国』より）

だのか。敵に対してさえも示す忍耐と包容力、寛容さ。彼らはなぜあんなことができるのか。必ずしも教養のある人たちではない。特別な身分にある人たちでもない。むしろ、世間では貶められている人たちが、驚くほど高潔な生活を送っているではないか！

行いと品性を通して語られること。そのインパクトは、時に言葉で語る以上の力を持ちます。福音に基づく彼らの生活は、言葉巧みに人々を説得する以上の力を、当時の社会の中で発揮したのではないでしょうか。

②説教によって

もちろん伝道は、行いによる証しだけではありません。キリストの福音は何よりも言葉ですから、それは語られなくてはいけない。そして、聞いて理解される必要のあるものでした。

したがって、古代教会においても、礼拝や公共の場での説教が大きな役割を果たしたことは言うまでもありません。聖

エペソの古代教会の説教壇跡

書に基づく公的な説教は、多くの場合、使徒や教会の監督たちによってなされたでしょうし、伝道者たちもそれぞれの小さな家庭集会などで勧めのような話をしたことでしょう。

　第二部で詳しく述べますが、当時の礼拝は、未信者を含む礼拝と信者だけの（礼典を行う）礼拝と、二種類あったようです。説教は、主として前者の礼拝でなされていました。日本の教会の礼拝と同じように、信者と未信者とが共に出席している礼拝です（コリント人への手紙第一、一四章二三〜二五節参照）。キリスト教は密儀宗教とは異なり、聖書の内容（奥義）を隠すのではなく、むしろ知らしめることに心を砕く不思議な宗教でした。

　そのようになされた説教の実例が（残念ながら、その多くはキリスト教公認後のものですが）いくつか残っています。とりわけ、名説教家で知られたヨハネという人は〝クリュソストモス[16]（金の口）〟と呼ばれた人でした。この人の説教を読みますと、おそらく一時間ぐらいの説教ではないかと思いますが、内容的には私たちが今日しているような説教とよく似ています。

　まずは一つ一つの言葉を解説して、最後に私たちの日常に当てはまる適

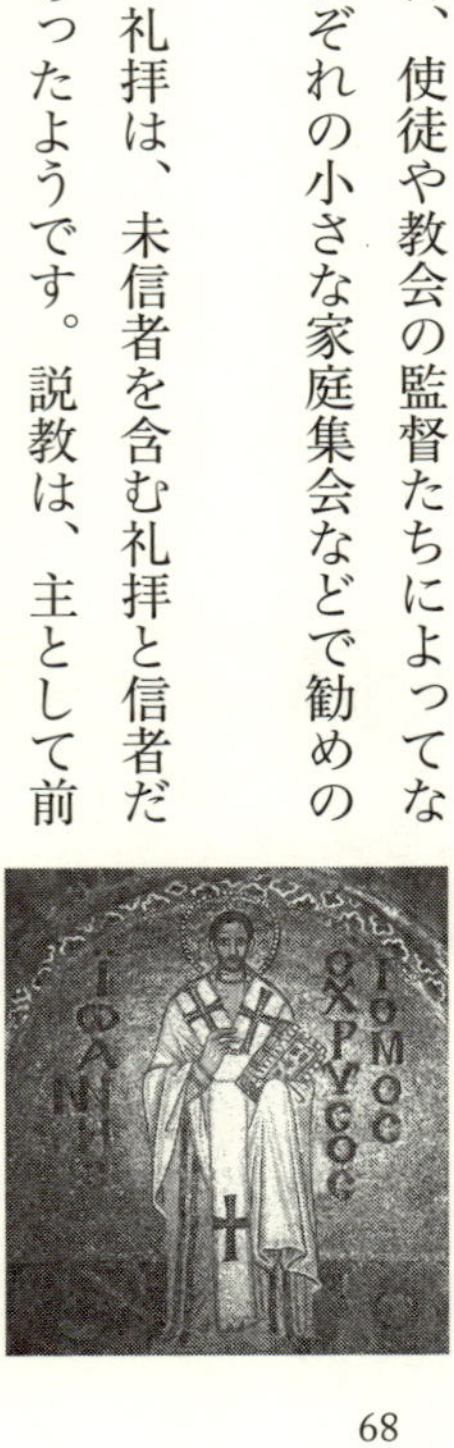

(16) クリュソストモス（三四七年頃〜四〇七年）
アンティオキア生まれのギリシア教父、聖書学者、聖人。コンスタンティノープル大司教。
大司教就任後、その社会批判が皇帝の怒りを買って追放される。追放地で没。聖書の比喩的解釈を退け、字義的解釈を主張した。

用や教訓を語るという説教です。別に何か特別に変わった説教ではありませんが、神の言葉を大胆かつストレートに語る力ある説教でした。中には、これをどれくらい理解できたのだろうかと思うほど難しい説教もあります。にもかかわらず、とにかく礼拝や諸集会で説教がなされ、人々はそれに懸命に耳を傾けたのです。

とは言え、古代教会の人々が皆勤勉でまじめに説教を一言も漏らさずに聞いていたかというと、案外そうでもなさそうです（語るほうの問題もあったでしょうが）。クリュソストモスは説教の中で「みなさん、聞いていますか？」とか、「どうせすぐに忘れてしまうでしょうが……」などと言っているからです。いつの時代もやっぱり同じだなあと、何だかホッとさせられます。ともあれ、このように、聖書に基づく説教による伝道が、古代教会においても活き活きとなされていたことは事実です。

③聖書によって

次なる伝道の手段は、聖書です。聖書という書物そのものによって伝道がなされたということです。二世紀のタティアノス[17]という人は、聖書とい

(17) **タティアノス**　シリア生まれのキリスト教護教者。ユスティノスの弟子で有力な弁証家。主著『ギリシア人への説話』は、ギリシア文明を批判し、キリスト教の古さと純粋さを弁護している。

う書物との出会いを次のように記しています。

（諸宗教を訪ね歩き、どうすれば真理を見出せるかと思案し）そのことに夢中になっていたとき、私はたまたまある風変わりな書物に出会った。それは、ギリシア人の思想と比べられないほど古く、彼らの過ちと比べられないほど神聖なものだった。私は、その気どらない言葉遣い、著者たちの大らかな性格、未来について明らかにされた言葉、上質な格言、万物の支配が一人の存在に帰するとの宣言によって、その書物を信用するに至った。*12

ちょうど今日のギデオン協会(18)の働きのように聖書を手渡されたり、あるいは偶然手に入れたりして、聖書を読んでキリストを信じた人々が（非常

現存する最古の旧約聖書「アレッポ写本」の一部（イスラエル博物館所蔵・Photo by Milner Moshe, Copyright © 2019 National Photo Collection）

(18) ギデオン協会
クリスチャンのビジネスマンと専門職業人で組織され、世界二百一か国にある団体。聖書を多くの人に親しんでもらうため、無料で配布・贈呈している。一八九九年創立以来、全世界で二十億冊を超える聖書をホテル・病院・刑務所などに配布し、また自衛官・警察官・学生・医療従事者に贈呈する働きをしてきた。

にまれなケースかもしれませんが）古代教会にもいました。そのような人の多くは、字が読めるほどの教養を持ち、真理を探ね求める〝求道者〟たちでした。

④迫害を通して

伝道の手段として最後に挙げなくてはならないのは、すでに初期キリスト教会成長の要因の一つとして指摘した迫害を通しての伝道です。キリスト者たちは、思いがけずに与えられた多くの機会をとらえて、臆せず福音を証ししました。

ローマ帝国では、基本的には法に基づいた統治がなされましたから、訴えがあると取り調べがなされ、本当にその人がキリスト者かどうか、棄教を命じられたり脅されたりしても信仰を捨てないかどうかチェックされました。そうして最終的に、どうしても信仰を守り続けようとする人々に対してのみ、さまざまな刑(19)が科せられたのです。*13

(19) **迫害下の刑**
国家による組織的な迫害は、教会に対しては、指導者の逮捕、墓地や建物没収、祭儀に用いる聖書、聖具の押収、個々のキリスト者に対しては、逮捕、監禁、財産没収、権利剝奪、追放、強制労働、拷問、手足の切断、処刑にまで及んだ。さらに、国家が科す罰以外に、残忍な虐殺も行われた。

当時のローマ兵士

その過程で、「私はキリスト者です。イエス・キリストのものです」と自分の名前を名乗る先に信仰告白する者もいれば、「かつて私はこんな人生を歩んでいましたが……」と自分の証しを語り始める者もいました。*14

その場に居合わせた人々は皆、期せずして、そのように語る老若男女のキリスト者たちの物怖じしない告白、人生を変えるほどのキリストの福音の力に接することになったのでした。生死を分ける究極の状況の中で、まさに命をかけて証言をなし、最終的には文字どおり命そのものを捧げて信仰の証人となった少なからぬ人々がいたのです。

このようなキリスト者たちの殉教について、テルトゥリアヌスが語った有名な言葉があります。

いかにあなた方の残酷さが手の込んだものになったとしても、それはすべて何の役にも立たない。それは、むしろ我々の宗教の魅力となっているのだ。あなた方が我々を刈り取れば、その都度我々の信者は倍加する。キリスト教徒の血は、種子なのである。*15

キリスト教を撲滅しようとして迫害の厳しさを増したとしても無駄であると、テルトゥリアヌスは言い放ちます。どんなに刈り取られても、そのたびにキリスト教徒の数は増えていく、と。

福音の喜びの中に生き、死んでいく民を起こされるのは、神ご自身だからです。

一粒の麦が「死ぬなら、豊かな実を結びます」（ヨハネの福音書一二章二四節）。主イエスの言葉は、その弟子たちにとっても真理なのでした。

コロセウムで人々の娯楽としてライオンと戦わせられるキリスト者の絵

離散《ディアスポラ》のユダヤ人

ユダヤ人にとって、エルサレムがいつの時代も精神的中心であることは言うまでもない。

しかし、紀元前八世紀のアッシリア、また紀元前六世紀のバビロンへの捕囚により、神の民は離散《ディアスポラ》の状態におかれることになった。

第二神殿再建のための帰国許可にもかかわらず、その後も相次ぐ戦乱や生活苦によってユダヤ人は拡散を続け、ローマ帝国の時代にはバビロンやシリア、小アジアやエジプトなどを中心にほとんど帝国各地にユダヤ人共同体が存在し、その比率はパレスチナ・ユダヤ人よりも、離散ユダヤ人のほうがはるかに多かった。

このように、ヘレニズム世界に拡散したユダヤ人たちは、パレスチナのユダヤ人とは全く異なる環境に適応しなければならなかった。

彼らは、ギリシアの文化や生活様式に親しむのみならず、自分たちの名前さえもギリシア語やラテン語風に呼び換え（例・ヨシュア→ヤソン、サウロ→パウロ）、可能なかぎり、居住する町や帝国の市民権を取得しようと努めた。

何よりも、モーセ律法そのものが、すでにヘブル語やアラム語と疎遠になっていた者

捕囚となり、国を追われるユダヤ人

Column

たちのために紀元前三世紀にはギリシア語（七十人訳聖書）に訳されたが、彼ら（とりわけ、アレクサンドリアのフィロンやヨセフスなど）は、むしろそれらを用いて聖書の思想をギリシア世界に広く伝えていったのである。

ローマ帝国から特別に与えられた公認宗教としての特権（兵役免除、安息日遵守等）に守られつつ、礼拝と教育の場であるシナゴーグ（会堂）を中心に律法に従って営まれるユダヤ人たちの特異な生活と習慣は、しばしば人々の嘲笑や嫌悪の的となったが、他方でその真摯で卓越した信仰は、心ある異邦人たちの関心と注目を集めるようになった。

「神殿の丘」で発掘された、第二神殿の一部と考えられている遺跡。ヘブル語で「放浪の場所へ」と刻まれている

捕囚の歴史

B.C 597 年（1回目）	◆ **バビロン**の**ネブガドネツァル王**が**エルサレム**侵略。神殿（第一神殿）と王宮の財宝を持ち去り、**ユダ**の王**エホヤキン**とユダヤ人たちをバビロンに強制移住させた。
B.C 587 年（2回目）	◆ ユダの王**ゼデキヤ**の反逆への報復として、**ネブカドネツァル**が**エルサレム**に攻め上る。神殿と都の城壁は完全に破壊され、ユダヤ人のほとんどが**バビロン**に捕らえ移された。
B.C 538 年（帰還）	◆ **ペルシア帝国**により**バビロン**滅亡。ペルシアの王**キュロス**により、ユダヤ人の帰還が始まる。**ユダヤ**は**ペルシア**の支配下となる。帰還後、人々は神殿再建に着手する。

三章　古代教会における福音の魅力

古代教会の伝道のプラス面

以上述べてきたような、古代教会の伝道を考えるとき、イエス・キリストの福音のいったい何が当時の人々の心を惹いたのでしょうか。プラスの要因として考えられることを、五つほどにまとめてみたいと思います。

①人格的福音

第一は、何と言っても、彼らが伝えていた「福音」そのものです。特に、その福音が人格的であったということ。別に言えば〝温もりのある福音〟ということでしょうか。単なる情報として「これを信じなさい」というの

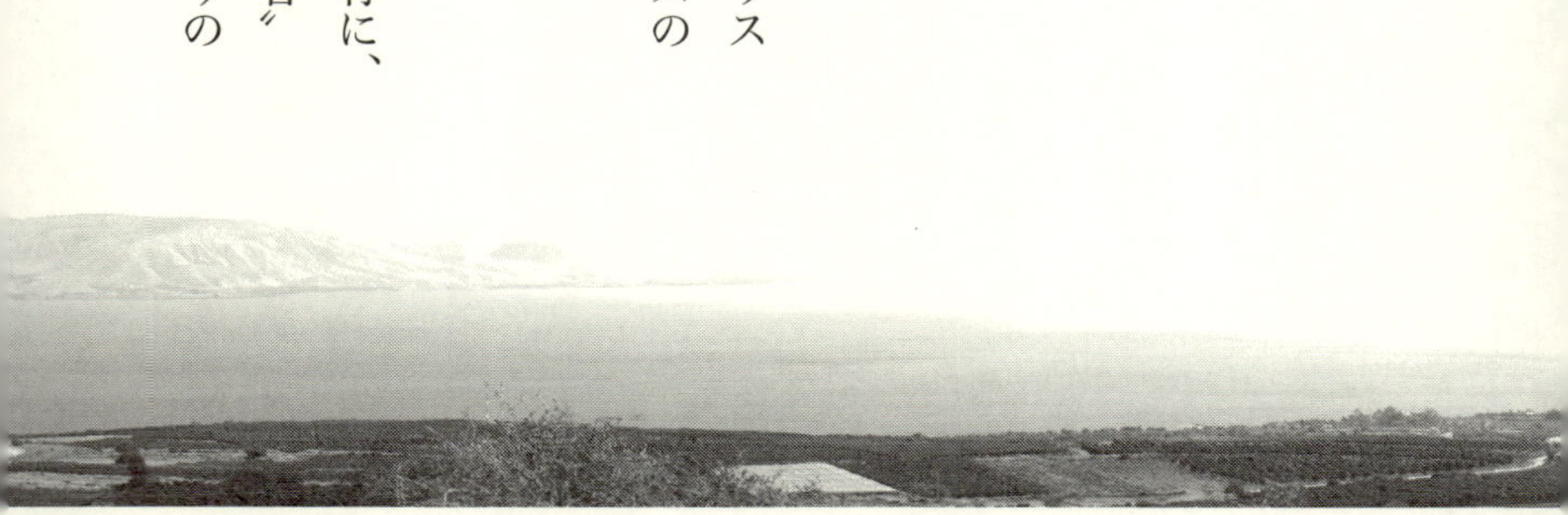

イエスの時代、ローマの軍用道路と古くからの通商道路が交差していたガリラヤは、人口も多く、パレスチナで最もにぎわう、国際的な地域だった。

ではない。一人一人の生活、一人一人の人生に関わる言葉であったということです。しかも、商売繁盛・家内安全というような非常にありきたりなご利益宗教の福音なのではなく、一人一人の人生が救われ、喜びへと変えられるという福音であったということです。

そして、その福音の中心には、生きて働かれる人格的な神の愛、イエス・キリストの全人格的な愛がある。私たち罪人を丸ごとに愛して赦してくださるという福音です。だからこそ、信じる者たち自身が生まれ変わるという出来事が起こる。まるで別人のように生まれ変わるという人格的な変化が現れる。「いったい、どうしたの？」と人々が目を見張るような変化（もちろん良い変化！）が起こる。そのような福音が、多くの人々の心を捕らえたのではないでしょうか。

②〝解放〟としての福音

第二に、その福音は、とりわけ社会的に弱い立場にある人々への福音であったということです。不安の時代、あるいは人間の命がいとも簡単に損なわれる社会、弱い立場の人々が生きていくのが困難な社会で、人々に生

キリストの福音宣教の中心地となったガリラヤ湖周辺
（Panoramic of the "Kineret", the Sea of Gallilee, Beivushtang on wikipedia）

きる希望を与える福音を届けることができたということです。

女性や子どもたち、貧困や、厳しい労働下でうめいている人々や奴隷たちなど、あらゆる人々を大切にし、人間として生きる尊厳を回復する〝解放〟としての福音です。

③キリスト者の品性と隣人愛

三番目は、キリスト者たちの品性と隣人愛です。(1)古代ローマ社会におけるキリスト教への悪評や批判は山ほどありました。その一つが、クリスチャンたちはつき合いが悪い、非協調的だという批判です。「うちの町内では毎年町をあげてお祭りをするのに、いつも参加しない」というような非協調性が、当時の古代ローマ社会でも批判の一つとしてあげられます。

ところが、キリスト者たちの品性や隣人愛は、そのような批判にまさるものでした。確かに、あることに関してはつき合いが悪いとか協調性がないと言われることもあったでしょう。しかし、他の面において彼らの誠実さや親切や包容力、とりわけ弱い立場の人々に対する温かいケアが、批判を上回った（もしくは覆《くつがえ》した）ということです。

(1) **品性と隣人愛**
二世紀頃のキリスト者の姿を書き綴った「ディオグネートスへの手紙」にはこう記されている。

「彼らは、……その土地の慣習に従ってはいるが、しかし驚くべき、そして全くのところ奇妙な生き方を示している。……

すべての人と同じように、彼らは結婚し、子供を生む。しかし、新生児を遺棄することはしない。……すべての人を愛するが、すべての人から迫害されている。……貧しいが、多くの人を富ませる。……罵られながら、（相手を）祝福する。」（『使徒教父文書』講談社）

④聖書で養われる信仰

四番目は、キリスト教が聖書という文書に基づいており、その文書を学ぶことによって信仰が養われるという知的魅力です。

当時、一方では、「疑うことなく、ただ信ぜよ」「この世の知恵は悪であり、愚かさこそ尊い」というキリスト教の主張を非理性的とする批判がありました。[*16]「あの信仰、ちょっと危ないんじゃない?」「何を信じているのか、よくわからない」という得体の知れないカルト集団と見る批判です。

しかし、他方において、キリスト教信仰は神の言（ロゴス）[2]に基づく、じつに理性的な宗教である。むしろ、ギリシア哲学[3]にはるかにまさる真の哲学（フィロソフィア＝愛智）であるとも理解されたのでした（第二部三章の「ユスティノス」を参照）。

さらに、キリスト教信仰が単なる知

ラファエロ作「アテナイの学堂」（1509〜1510年）
古代ギリシアの叡智の人の群像が描き出されている。
中央に位置するのはプラトン、アリストテレス

(2) 神の言（ロゴス）
「ロゴス（言・理念）」は、ユダヤ人、ギリシア人双方にとって、宗教的・哲学的にも重要な用語。ユダヤ人もギリシア人も、このロゴスが万物の出発点であるという考えで一致していたため、ギリシア・ローマ世界に福音を伝える上で、共通の土台として用いられた。

(3) ギリシア哲学
紀元前六世紀にイオニア(現トルコ)で発祥し、ギリシア本土を中心とする地中海の沿岸諸地域で展開された学問。世界の構造を、神々の働き（神話）とはせず、合理的に説明し、万物の「根源(アルケー)」について探究した動きから始まる。

識にとどまらず、人間の品性をも変える知識であることが（何の生き方の変化ももたらさない哲学に比して）圧倒的な説得力をもったのでした。[*17]

当時の「聖書」とは主として旧約聖書を指していましたが、この聖書に基づく説教や教えは、時にギリシア哲学の思想や言葉を用いて説き明かされました（たとえば、アレクサンドリアのクレメンス）。もちろん、常にそれがなされたわけでも、すべての伝道者がそうしたわけでもありません。おそらくは、教会の指導者や神学者など、ごく限られた賜物ある人々によってなされた説き明かしでしょう。しかし、そのような教えが、特に知的な求道者たちに対して、大きな影響を与えることになったのは事実です。

⑤永遠の命・身体のよみがえり

最後の五番目は、その教えの内容、とりわけ死後の命ということです。

「罪の赦し」と並んで（ひょっとするとそれ以上に！）「からだのよみがえり、永遠の命を信ず」という『使徒信条』[4]の二つの約束は、当時の人々にとって、じつに大きな希望とインパクトを与えたのではないかと想像します。

(4) **使徒信条**
キリスト教会最古の信条（四世紀頃）。今日、キリスト教会で使われているものに至るまで、かなり長い形成の歴史がある。本書の一二五〜一二六頁を参照。

地上を生きること自体が苦しみである人々、ただひたすら悲惨な生涯を生きて死後さえもどうなるのか何の保証もない人々にとって、教会で一人の人格として認められて尊重されて世を生きる喜びを与えられるだけでなく、死後の命さえも保証されること。地上での一切の悲しみや苦しみから解放されて神の子として永遠に生きる天国の幸いに、自分もまた受け入れられるということ。こんな自分でも御国を受け継ぐ者として復活すること。これらが、どれほど大きな喜びをもたらしたかしれません。

古代ローマ社会では、一種の運命論が人々の心を縛っていました。奴隷あるいは女性として——社会的には捨てられる者として——生まれた者が、永遠に神から愛される存在となり、何にも縛られることなくすべてのことから解放されて、永遠に神の懐の中に受け入れられる。その永遠の命のリアリティーがどんなに大きな慰めとなったことか。

ローマ支配下での奴隷を描いたモザイク画（古代ローマ時代の遺跡〔チュニジア・ドゥッガ、画像・Pradigue on wikipedia〕）

あるいはまた、病魔に冒されて家族や人々から見放された人々、身体的な障がいを抱えた人々、文字どおり捨てられた嬰児と、その子を捨てざるを得なかった母親たちにとって、すべての命を愛してくださる神の愛、朽ちないからだへと復活するという希望がどれほど大きな福音であったことか、測り知れないほどです。

そのような信仰が決して言葉だけのものでないことは、死をも恐れないキリスト者たちの献身的看護[5]や殉教の姿勢にハッキリと示されていました。彼らの姿勢やメッセージが多くの人々の心を動かしていったことは、想像に難くありません。

聖ヨハネ教会の遺跡と石棺（トルコ）。初期キリスト者たちは、主の来臨は近いと信じ、復活信仰に基づいて教会の敷地に石棺を置いた

(5) 献身的看護

迫害下の殉教だけでなく、疫病が流行した二〜三世紀、キリスト者たちが献身的な看護の中で、自らも病に罹り、命を落としていったケースも数多くあった。

「彼ら（キリスト者）は危険を顧みずに病人を訪れ、優しく看護し、キリストにあって仕え、そして彼らとともに喜びのうちにこの世を去りました。この人たちは他の者から病気を移され、隣人たちの病を自らの側に引き寄せ、他の人たちを看護し癒したとき、その者たちの死を自分に移して自ら死んでいきました。」（エウセビオス『教会史』）

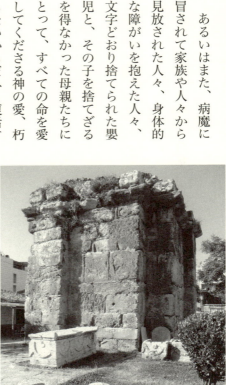

古代教会の伝道のマイナス面

他方で、古代教会における伝道の歴史を顧みると、彼らがしたことすべてが模範的だったわけでもないことに気づかされます。むしろ、そこには反面教師的なマイナス要因もいくつかあったことを指摘しておく必要があるでしょう。それは、今日もなお私たちが犯しやすい過ちだからです。

①自己弁護としての伝道

第一に、福音宣教が、しばしば自分の立場の正当性を弁護する機会になってしまったということです。この世にはない神の福音を告げる以上、この世の価値観や考えと衝突することは避けられません。また、福音のすばらしさや正しさを丁寧に説明することも必要なことでしょう（二～三世紀の〝弁証家〟[6]たちの著作を参照）。しかし、福音宣教とは、議論をすることでも、無理やり信じさせることでもなく、基本的に相手に〝喜び〟をもたらすものであるはずです。

(6) 弁証家
キリスト教の真理性を、キリスト教以外の世界に対して証明をした教父・学者を指す。特に、キリスト教への批判に対して弁証した人々。弁証学者、護教家とも言われる。

ユスティノスやテルトゥリアヌスが有名。

(左)ユスティノス　(右)テルトゥリアヌス

ところが、キリスト教に対する批判や非難を耳にすると、「そうじゃない。あなたのほうが間違っている！」と言い返してしまう。あるいは、自分の信仰の正当性を主張するために論陣を張って、相手の救いよりも自分の正しさを守るほうに力点が移ってしまう（私自身、回心したての頃、何度も犯した間違い）。そんなケースが、古代教会にもたくさんありました。これでは〝福音〟の宣教にはなりません。

②敵対関係を生み出す宣教

第二に、さらに悪いことに、相手を愛するよりは敵対視してしまうということです。特にユダヤ教徒や異端者たちに対してそうでした。

キリスト教に対するさまざまな批判[7]や迫害などの多くは、誤解や無理解によるものです。わからないから悪口を言ったり嫌がらせをしたりする。それに対して、先述したエイレナイオスの祈り（二章の「伝道の動機」を参照）のように、「彼らのうちにキリストが形作られますように」と相手の救いを願いつつ語ることができればよいのですが、むしろ敵対関係になってしまう。あの人はキリスト教の悪口ばかり言うから付き合うのをやめた、

(7) キリスト教への批判
タキトゥスの『年代記』の中に、「(キリスト者は) そのいまわしい行為のゆえに憎悪されていた人々」とローマでは見られていたことが記されている。
この当時、キリスト者は、神の御子キリストの肉と血を表すパンと杯を飲食するゆえに、「幼児殺し」や「人肉嗜好」、また夫婦でも兄弟姉妹と呼ぶために「近親姦」という批判を浴びた。

あんな頑固な人たちは滅びるがいい、と。

しかし、だれしも最初は何もわからなかったのです。頑なだったのです。それを忍耐しつつ祈り続けてくださった人たちがいた。何より神ご自身がずっと待ち続けてくださった。そのような感謝と愛が欠落したとき、福音はもはや福音としての色を失ってしまうのではないでしょうか。

第一部の終わりに

以上、第一部「古代教会の進展」について、とりわけその成長の秘訣についてさまざまに見てきましたが、最後に二つのことを記しておきたいと思います。

①丸ごとの福音

すでに述べたように、初期のキリスト者たちが生き、また伝えていた福音は、まさに〝丸ごとの福音〟であったということです。先述したハルナックという学者は、初期キリスト教の特徴について、次のように述べています。

キリスト教は、当初から普遍主義の精神をもって現れ、それによって人間の生全体のあらゆる側面（その高さと深さ、感情と思想と行為）を捉えた。[*18]

すなわち、主イエスによってもたらされた福音は、全人類のための福音であって、およそ人間であるならば、その人間の一切の必要をカバーしてあまりあるものだということです。

ある人々に対しては人間としての尊厳と生きる希望を、ある人には慰めや癒やしを、ある人には具体的な逃れ場や明日の食べ物を、またある人には有神的な世界観・人生観という新しい哲学に目を開かせたかもしれません。いずれにせよ、ありとあらゆる人間のニーズに応えることができる。それがキリストの福音だということです。そして、実際、そのようなものとして、キリストの福音は古代教会において機能したのです。

したがって、キリスト教会が最終的にローマ帝国に勝利したのは、当然の帰結であると、ハルナックは述べています。[*19] もしイエス・キリストの福音が人類のあらゆるニーズに対応しうるものであり、またそのような福音として実際に機能していったときに、それが必然的に人々の心を捉えてやまないものとなって、やがては社会をも変革していったことに何の不思議もないでしょう。

②キリストの「奇跡」としての伝道

第一部を締めくくるにあたり、最後に記したいもう一つのことは、これまで述べてきたすべての説明にもかかわらず、キリストの教会の進展はキリストご自身の「奇跡」の業だということです。

三世紀のオリゲネス[8]という人が、こんなことを書いています。「(キリストの霊である)聖霊の痕跡は、依然として我々キリスト教徒の間で保持されている」[*20]と。すなわち、聖霊は依然として私たちの間に働いておられる。それと言うのも「多くの人々がいわば不本意ながらキリスト教のもとに来たからだ」と、オリゲネスは続けます。まさかあんな人が回心するなんて、あれほどキリスト教を毛嫌いしていた人がだれよりも熱心に伝道する人になるなんて、等々。まさかと思うようなことが数えきれないほど起こった。

(8) オリゲネス（一八五頃～二五四頃年）
古代キリスト教最大の神学者。アレクサンドリア派の代表的神学者。
清貧、禁欲的な生活を送り、学問と教育に精励した。二五〇年、デキウス帝の迫害に遭い、激しい拷問を受けて没す。
数多くの著作を著し、キリスト教最初の組織神学者。『諸原理について』や『ケルソス駁論』他多くの聖書注解がある。

それはもう聖霊の業としか言いようがないと、彼は書いているのです。
また、二世紀頃のキリスト者たちの生活について記した、こんな文章もあります。

あなたには、主イエスを否認するようにと獣の前に投げ出されながら、（それに）敗けない人々が見えないか。罰せられるものが多くなるにつれ、その他の人々の数も一層多くなるのが見えないか。このようなことは、人間のわざとは思えない。それは神の力である。それは神の臨在の証拠である。[*21]

古代ローマ帝国の迫害下で信仰を耐え忍んだ人々は、決してスーパーマンのように強い人たちだったわけではありません。日頃から模範的で強固な信仰の持ち主だったから、というわけでもない。じつに

カパドキアの奇岩の洞穴。激しい迫害の中、キリスト者らは荒野の洞窟のようなところに隠れ、信仰を守り通した

不思議にも、むしろ弱く臆病だった人たちが、最後まで信仰を捨てずに耐え抜いた。これは神の業としか言いようがないと、言うのです。

人の心を導き、信仰に至らせ、最後まで堅忍させてくださるのは、神である。古代教会には、そのような確信が強烈にありました。決して、自分たちが一所懸命やっているから信者が増えるわけではない。まさかあんな人が、と思う人の心を変えて信仰に至らせるのは、主の御業である。臆病で弱い人々に力を与え、証人としての生涯を全うさせてくださるのは、神の御業にほかならない、と。

したがって、古代教会の「奇跡」的な成長というのは、数における成長という

新約聖書「使徒の働き」16章に記されている、パウロとシラスが捕らえられていたとされるピリピの監獄跡

ことだけでは必ずしもない。そうではなく、本来救われるに値しない、救われるはずもないような一つ一つの魂が、不思議にも変えられていったという奇跡。いかなる状況の中でも屈しない者へと強くされていったという奇跡なのです。

そして、そのような「奇跡」は今日も起こり続けているということを、最後に心に留めたいと思います。もちろん、教会は与えられた状況の中で精いっぱい伝道の働きに献身していることでしょう。これまで述べてきた古代教会の福音理解や宣教の姿勢に、大いに学びたいものです。しかし、それにもかかわらず、いつの時代でもどこにおいても、一人一人の魂をご自身のもとへと導いてくださる方、新しく生まれ変わらせてくださる方は、主イエスご自身です。それは、キリストの聖霊の御業なのです。

この古代教会に起こった奇跡は、クリスチャン人口一％未満の日本においても、確かに起こり続けている。そのことを、私たちは信じなければなりません。信仰者の数が増えないというのは結果であって（どうでもいいとは言いませんが）教会にとって本質的なことではないと、私は思います。

事実、信じる者は起こされ続けているではありませんか。聖霊の御業がなされ続けているではありませんか！

教会の〝少子高齢化問題〟ということが時に取り沙汰されます。しかし、もしそれが（何とか現状を維持したいという）教会の内側の論理の表れだとすれば、少し違うように思います。日本の教会が、今日真剣に向き合わなければならない問題は、そういうことではないように思います。

むしろキリストの教会が、真に主イエス・キリストの名にふさわしい教会となっているかどうか。あらゆる人を救うキリストの福音が確かに語られ、教会がその福音に生きる場となっているかどうか。それこそが、問題なのではないでしょうか。

時代がどうであれ、社会がどうであれ、主イエスは生きて働いておられます。そのお方を証しする、この世のどこにも見いだすことのできない神の愛を語る場所が教会です。

この世にありながら、決してこの世に属していない不思議な共同体がそこにはあります。それは、イエス・キリストというお方を中心にした、あらゆる人々を受け入れることができる共同体です。そこに、神がおられます。そして、神がおられる所では奇跡が起こるのです。

このことは、古代教会であろうと、今日の日本の教会であろうと、変わることのない真理です。

2005年にイスラエルのメギドで発見された、紀元3世紀頃と見られるキリスト教会跡の床部分のモザイク。ギリシア語で、「神に愛されているアケプトゥス（女性名）は、神である主キリストに記念品として机をささげた」と記されている
当時迫害下にあったため、「神」「イエス」「キリスト」という言葉は、それぞれの頭文字と語尾の文字のみを記している

キリスト教への迫害

ローマ帝国におけるキリスト教迫害は、大きく三つの時期に分けることができる。

第一は、皇帝ネロによる迫害以前のユダヤ教徒による迫害の時期。第二は、ローマ社会における〝非／反社会的〟宗教と見なされて断続的に引き起こされた迫害の時期。そして、第三が、二五〇年以降、ローマ帝国の公権力によって主導された迫害の時期である。

＊　＊

キリスト教は当初、公認宗教であったユダヤ教の一部と見なされたため、公的な迫害の対象にはならなかった。しかし、ユダヤ教徒による迫害とキリスト教徒自身によるユダヤ教との差別化によって、次第にキリスト教がユダヤ教とは別の〝非／反社会的〟宗教（カ

デリンクユの地下都市

カパドキアに近いデリンクユ(現・トルコ)では、砂岩を掘った地下８階、深さ約85メートルの地下都市に、迫害から逃れた約1万人のキリスト者が暮らしていた。住居、教会、学校、厨房、ワイン醸造所などがある。

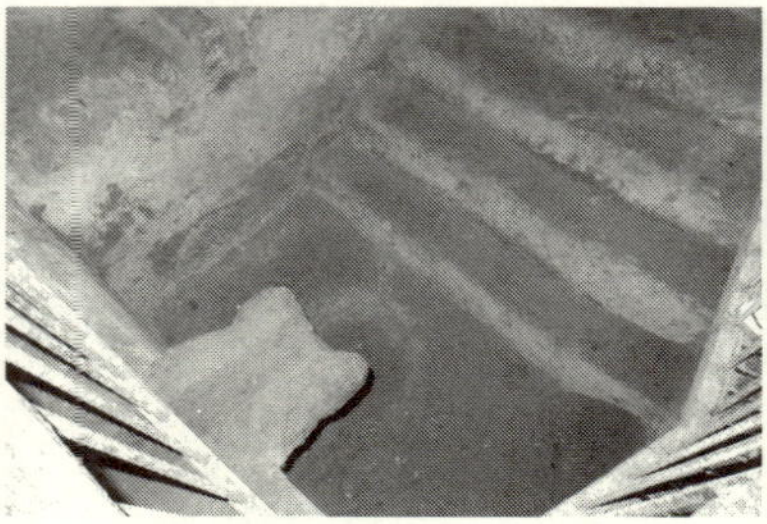

▲ワイン醸造所

▲地下都市は迷路のように細い道が張り巡らされ、片側しか開かない石の扉を転がして追っ手を防いだ。

ルト）であるとの認識が広まり、危険視されるようになった。天災などによる社会不安のはけ口として、キリスト者に対する迫害が帝国各地で散発的に起こったが、いずれも組織的なものではなかった。

しかし、二四九年、帝国の斜陽に伴い、デキウス帝によってローマの伝統的宗教への回帰と忠誠が叫ばれ、それを拒否したキリスト教徒たちへの公的な迫害が命じられた。

ウァレリアヌス帝は、二五七年にキリスト教の集会を禁じ、聖職者たちや主だった信徒たちを重刑もしくは死刑に処した。二六〇年のペルシアによる皇帝捕囚と後継者ガリエヌス帝による寛容策によって、一時迫害は収まったが、ディオクレティアヌス帝による大迫害が開始されるまでであった。

ディオクレティアヌス帝

ディオクレティアヌスは、二九九年に軍隊と宮廷からキリスト者を一掃。さらに三〇三年以降、集会の禁止、教会の破壊、聖書の焼却、聖職者の監禁、異教儀式拒否者への重刑または死刑、社会的地位の剥奪等の勅令が次々と出された。

しかし、三〇五年の皇帝退位とともに、西方から徐々に迫害は沈静化し、三一三年の「寛容令」によって帝国内での迫害は終焉に向かった。

第二部　古代教会の成立

一章　古代教会の礼拝

第一部では、古代教会の伝道がどのようになされ、どのように教会が数的にも地理的にも成長してきたかを学びました。第二部では、教会の内側に目を向けて、古代教会がどのようにキリストの教会として整えられ確立していったのかを、いくつかの側面から学んでいきましょう。

初代教会の礼拝～ユダヤ教との連続性

主イエスの教会は、何よりもまず礼拝する民として始まりました。ところが、大変興味深いことに（そして、驚くべきことに）ペンテコステ(1)

(1) **ペンテコステ（五旬節）**
古くからあるユダヤ人の祭り。麦の収穫期の初めに行われた。イエスが十字架にかけられたのが「過越の祭り」の時であり、そこから五十日目に行われる祭り。「ペンテコステ」は、ギリシア語で五十を意味する。

の日に聖霊が与えられて、全く新しくされて出発したはずのイエスの弟子たちは、すぐに自分たち独自の礼拝を始めたわけではありませんでした。なんと彼らは、エルサレムの神殿(2)に礼拝を捧げるために、日々通い続けたのです！（ルカの福音書二四章五三節、使徒の働き二章四六節参照）

第二神殿（ヘロデの神殿）の模型（エルサレム博物館）
「ヘロデの神殿を見ていないとしたら、それは美しい建物を見たことがないということである」（タルムードより）

このことは、神学的にも実践的にも大変重要なことを教えています。つまり、主イエスを信じた人々にとって、イエスの生涯も十字架も復活も昇天も、そしてペンテコステの出来事さえも、ユダヤ教とは〝異なる神〟を礼拝することにはならなかったということです。

そうではなく、旧約聖書にご自身を啓示した同じ神が、主イエスを通し、また聖霊を通しても、ご自身を啓示された。いえ、かつては秘められていた神のご計画とみこころが、今やイ

(2) **エルサレムの神殿**
ソロモンの神殿（第一神殿）は、紀元前五八七年にバビロニア軍によって破壊された（コラム「離散のユダヤ人」参照）。その後、「バビロン捕囚」から帰還したユダヤ人たちの手で、かつての壮麗さには劣るが、神殿が再建される（第二神殿）。その五百年後、ヘロデ大王が新たに壮大な神殿建設を開始。紀元六四年に完成するが、その六年後にローマにより破壊される。

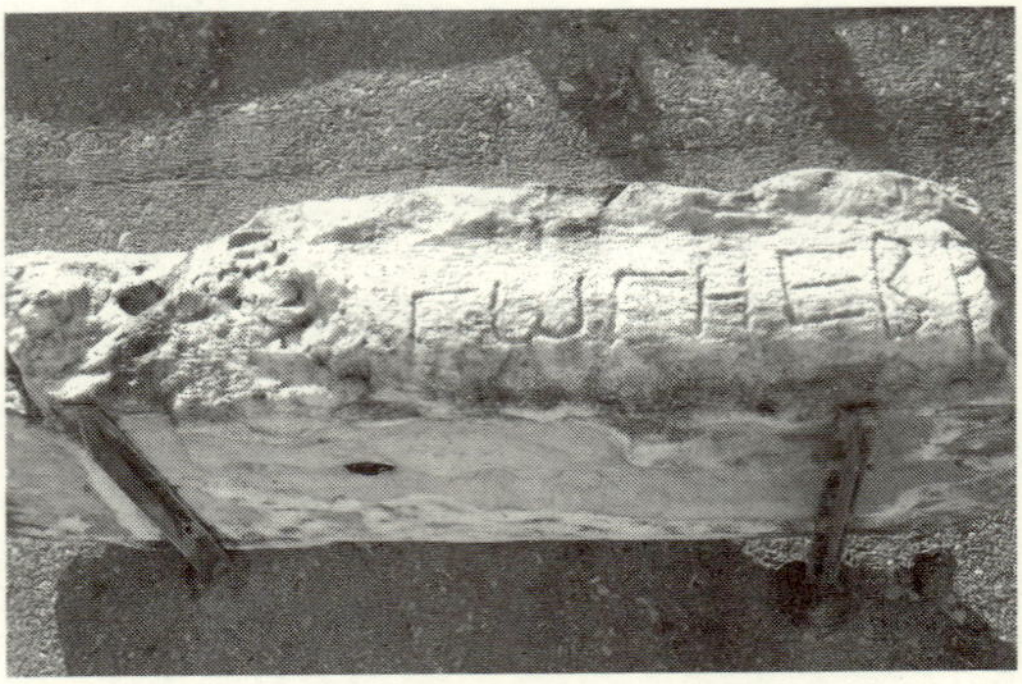

「ヘブル人のシナゴーグ」と書かれた看板（コリント）

エス・キリストと聖霊を通して、ハッキリと私たちに現された、ということだったのです（新約聖書・ヘブル人への手紙一章一～二節、エペソ人への手紙三章五節）。

したがって、初期のキリスト者たちが礼拝した神は、ユダヤ教徒[3]たちが礼拝した神と別の神ではありません。

むしろ、ユダヤ教徒以上にハッキリとした確信をもち、すでに来られ再び来られるメシアを仰ぎ見つつ、聖霊による心からの喜びをもって、礼拝するようになったということです（使徒の働き二章四六～四七節）。言いかえれば、いまだ不十分とはいえ、後に「三位一体」という教理に整えられていく父・子・聖霊なる神を礼拝する者たちとして誕生したのです。

このように、旧約の神と同じ神を礼拝したということは、初期キリスト教の礼拝がオリジナルなものとして誕生したのではなく、エルサレム神殿

(3) ユダヤ教徒
今日知られているユダヤ教は、前五八七年に行われたバビロン捕囚以降に形成され始め、エルサレム帰還後、第二神殿が建設された時代に成立した。
一神教という信仰の重要な部分には変化はなかったが、神殿破壊、国家の滅亡、それに伴う捕囚という経験は、礼拝形態に大きな変化をもたらした。

にせよ町々のシナゴーグ(4)（会堂）にせよ、ユダヤ教礼拝との連続性の中でスタートしたことを意味します。賛美や祈りや信仰告白、聖書朗読や説教、そして捧げ物や交わりなど、キリスト教礼拝の主要要素は、ほとんどユダヤ教礼拝から引き継いだものです。

とはいえ、ナザレのイエスを「主」と呼んで礼拝したキリスト者たちは、たとい礼拝の形式は同じであったとしても、その中身において、次第にユダヤ教とは異なる特色を帯びていったことも事実です。

まず礼拝を守る日です。

ユダヤ教徒にとって何よりも大

2世紀ごろのシナゴーグの遺跡（カペナウム）
（Photo by Cohen Fritz, Copyright © 2019 National Photo Collection）

(4) シナゴーグ（会堂）

ユダヤ人にとって神殿はただ一つだけだが、各共同体はそれぞれ会堂を持っていた。「シナゴーグ」はギリシア語の「集会所」に由来し、ヘブル語の「祈りの家」という概念を含んでいる。

安息日になると人々はシナゴーグで礼拝し、安息日以外は、地域の学校や集会所、地方政治を行う施設として使用された。

祭式のみそぎのために、川のそばに建てられることが多く、聖書の「使徒の働き」の中にも、「祈りの場（シナゴーグ）があると思われた川岸に行き」と記されている。

切な日は安息日[5]（今の土曜日）です。彼らは一切の仕事をやめて、礼拝に集いました。ところが、キリスト者たちは、いつ頃からなのか正確にはわかりませんが、日曜日に礼拝を守るようになりました。これもまた、とても興味深いことです。なぜなら、主イエスはいつ礼拝を守るべきかを一言も指示なさらなかったからです。

ところが、弟子たちはイエスが復活なさった日曜日ごとに（まるで復活の主にお会いできるかのように！）集まっては礼拝を捧げるようになりました。この日がやがて「主の日」と呼ばれるようになった（新約聖書・ヨハネの黙示録一章一〇節）のは、そのためです。

当時のローマ社会には、七曜制[6]はあっても七日ごとに〝休む〟という習慣はありませんでした。特権的に安息日（土曜日）に休む許可を得ていたのは、ユダヤ教徒だけです。ですから、当時の日曜日は休みではありませんでした。キリスト者たちは、仕事に行く前の早朝、もしくは仕事が終わってから集まっては礼拝を捧げていたのでしょう（使徒の働き二〇章七節参照）。

このこともまた、とても大切な礼拝の神学を教えています。圧倒的な異教社会の中にあって、断固として安息日を守り抜くというのがユダヤ教の

(5) **安息日**
ユダヤ教の律法において、仕事からの休息と礼拝をするためにある週の第七日目（金曜日の日没から土曜の日没。左図参照）。天地創造の七日目に神がすべてのわざをやめたように、仕事をやめて「休息」しなければならないとした。安息日を破る者は、死をもって罰すると律法に記されていた。

(6) **七曜制**
月が、新月→上弦→満月→下弦と変化していく周期がほぼ七日であることから、七日を周期とする区分が行われた。ローマ帝国内で週の習慣が広がり、七日間に太陽、月と五惑星（火水木金土）の名が冠せられた。

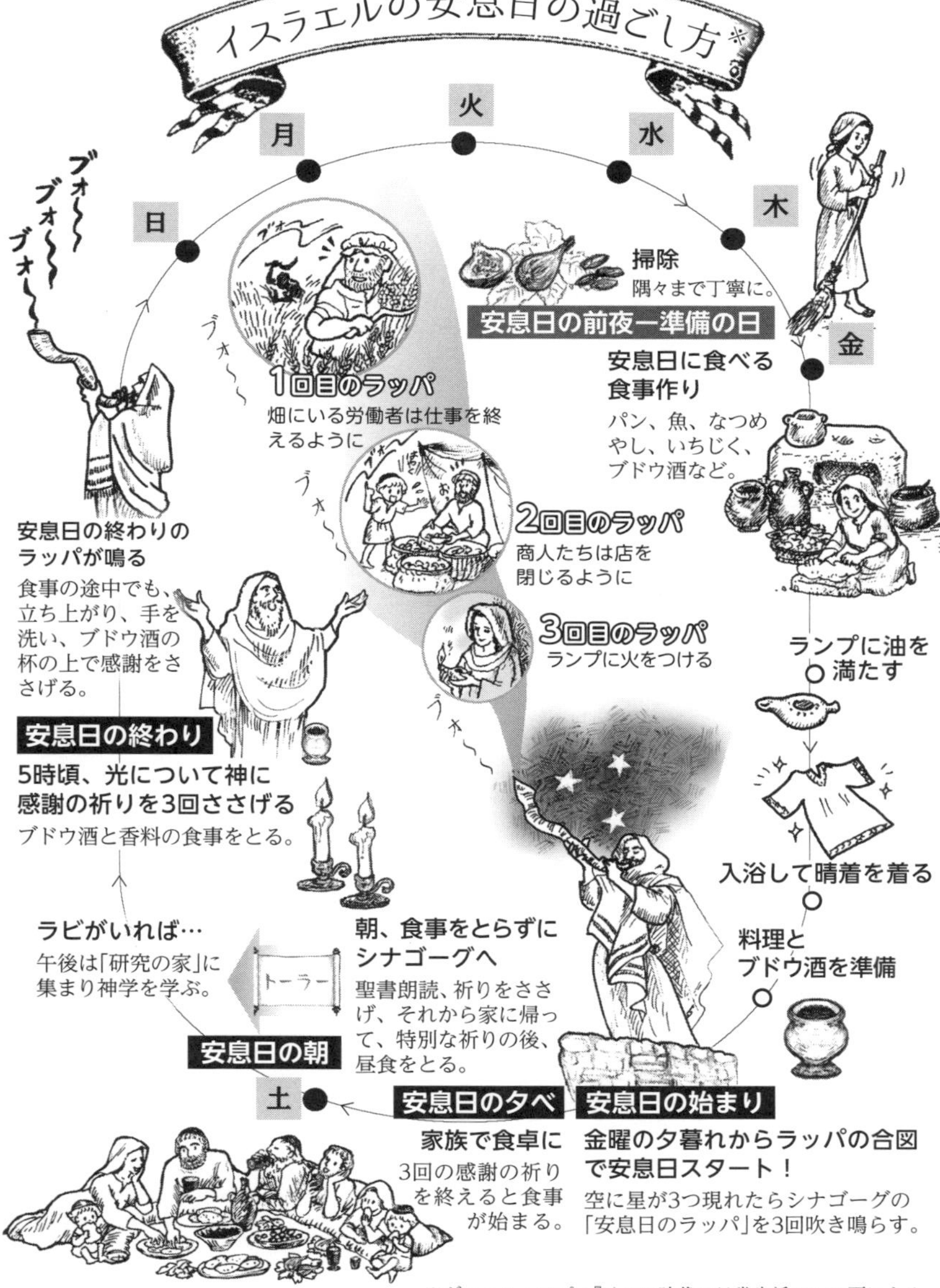

※ダニエル・ロプス『イエス時代の日常生活』81~82頁による

姿勢でした。これに対してキリスト教徒は、安息日を守る（＝仕事をしない）ことよりも、礼拝をする（＝主イエスと出会う）ことを大切にしたということです。つまり、日曜日に仕事をするかしないかよりも、早朝であれ夜であれ、礼拝を守ることを第一にしたということです。

礼拝を守る日だけではありません。礼拝の内容もまた、イエスを主と仰ぐ礼拝にふさわしいものへと変わっていきました。イエスや使徒たちの教え（使徒の働き二章四二節）、イエスは主であるとの告白（ローマ人への手紙一〇章九節）、イエスがお命じになった洗礼（マタイの福音書二八章一九節）や聖餐（コリント人への手紙第一、一一章二三節以下）、たくさんのキリスト賛美歌（ヨハネの黙示録五章一二節など）等です。

形式よりも、生きておられる復活の主の恵みを味わい、その主を讃える生きた礼拝。それが〝キリスト教〟礼拝の本質だといえましょう。

キリスト教礼拝の独自性

ユダヤ教の礼拝との連続性の中で、徐々に独自のカラーが付けられていったキリスト教徒の礼拝は、やがて一世紀末から二世紀になると、ユダヤ教とは異なる礼拝として意識的に整えられていきます。

キリスト教史上最初のカテキズム(7)（教理問答）または教会規則として知られている『十二使徒の教訓（ディダケー）』には、特に礼拝についての具体的な指示がなされています。

洗礼については、次のように洗礼を授けなさい。上に述べたことすべてをあらかじめ述べた上で、流れる水によって、父と子と聖霊の名をもって洗礼を授けなさい。流れる水がない場合には、他の水で洗礼を授けなさい。冷たい水でできない場合には、温かい水でなさい。どちらの水もない場合には、頭に水を三度、父と子と聖霊の名をもって注ぎなさい。[*22]（七・一〜三）

どのような水でするのかについては具体的に指示されている一方、事情に応じて多様なかたちで行えるように配慮されています。要するに大切なことは、新生の象徴である水が新鮮または綺麗な水であること、そして、

(7) カテキズム　ギリシア語「カテーケイン（口頭で教える）」に由来するキリスト教の用語で、教理問答などと訳される。元来、問答形式で、基本的な教えを口伝することであったが、転じて信仰を教えるための教科書、基本的な教えの要約書を意味するようになった。

主イエスのご命令どおり、父と子と聖霊の名によって授けられることです。

次に、断食[8]と祈禱については、次のように規定されています。

> あなたがたの断食は偽善者たちと一緒（＝同じ日）であってはならない。……祈るときは偽善者のようにではなく、主が福音書でお命じになったように、次のように祈りなさい。「天におられるわたしたちの父よ……」。毎日三回、このように祈りなさい。（八・一〜三）

ここでの「偽善者」とは、おそらくユダヤ教徒を指しています。断食も祈禱もユダヤ教徒たちと同じく日常的に行うのですが、その日や祈りの言

イエス・キリストが洗礼を受けたとされるヨルダン川。写真は、洗礼を受ける観光客

⑻ **断食**
一定の期間、すべての食物あるいは特定の食物の摂取を絶つ宗教的行為。ユダヤ教の主流派では、敬虔な人が行うべき三つの行いとして、施し・断食・祈りがある。

葉をあえて差別化している様子がうかがえます。

聖餐(9)についても興味深い指示がなされています。

　聖餐については、次のように感謝しなさい。最初に杯について。「わたしたちの父よ。あなたがあなたの僕《しもべ》イエスを通してわたしたちに明らかにされた、あなたの僕ダビデの聖なるぶどうの木について、あなたに感謝します……」。

　パンについて。「わたしたちの父よ。あなたがあなたの僕イエスを通してわたしたちに明らかにされた生命と知識とについて、あなたに感謝します……。このパンが山々の上にまき散らされていたのが集められて一つとなるように、あなたの教会が地の果てからあなたの御国へと集められますように……」。主の名をもって洗礼を授けられた人たち以外は、誰もあなたがたの聖餐から食べたり飲んだりしてはならない。

（九・一～五）

何よりも顕著なのは、聖餐における「感謝（エウカリスティア）」の強

(9) **聖餐**
　イエス・キリストの十字架の前夜、食事の際にパンを裂き、「これは、あなたがたのために与えられる、わたしのからだです」と言い、同様に杯を「この杯は、あなたがたのために流される、わたしの血による、新しい契約です」と言って、弟子たちに与えたことに由来する。
　大部分のキリスト教会では、「聖餐式」や「主の晩餐」と呼ばれる。

調です。福音書などに記されている最後の晩餐[10]に基づきつつも、それとは一線を画したシンプルな、しかし主イエスに現された神の恵みの食事という理解です。その基調は、罪と悔い改めよりも感謝と喜びです。それゆえ、この食事にあずかる人々もまた、主イエスにある洗礼を受けて新生した人々でなければならないのです。

以上述べたような礼拝理解が、すべての地域で同じように行き渡っていたのかどうかはわかりません。しかし、二世紀の礼拝の様子を伝えている別の資料には、次のような礼拝の様子が活き活きと述べられています。

カタコンベに残された愛餐を描いた壁画（3世紀・サン・カッリスト〔イタリア〕）

現代の過越の食事。種なしパン、羊肉、ゆで卵、苦菜、ハロセット（ナッツ、リンゴ、ブドウ酒などを練ったもの）、ブドウ酒

(10) **最後の晩餐**

イエスが弟子たちとともにした最後の食事は、「過越の食事」であった。この食事には、エジプトでイスラエル人が奴隷だった時代、神がエジプトから助け出し、解放してくださったことを祝う意味があった。

伝統的な過越の晩餐にのっとって、約四時間にわたる食事をしたと思われる。

太陽の日と呼ぶ曜日〔日曜日〕には、町ごと村ごとの住民すべてが一つ所に集い、使徒達の回想録か預言者の書が時間のゆるす限り朗読されます。朗読者がそれを終えると、指導者が、これらの善き教えにならうべく警告と勧めの言葉〔説教〕を語るのです。それから私共は一同起立し、祈りを捧げます。そしてこの祈りがすむと……パンとブドウ酒と水とが運ばれ、指導者は同じく力の限り祈りと感謝を捧げるのです。次に、生活にゆとりがあってしかも志のある者は、それぞれが善しとする基準に従って定めたもの〔献金／献品〕を施します。こうして集まった金品は指導者のもとに保管され、指導者は孤児ややもめ、病気その他の理由で困っている人々……要するにすべて窮乏している者の世話をするのです。*23

古代教会の礼拝の発展

このように次第に整えられていった古代教会の礼拝は、さらに三つの発

当時の礼拝の様子（イメージ図）

展を遂げていきます。

第一は、実践的・神学的多様化です。広大なローマ帝国全体に教会が拡散していくにつれ、次第に礼拝の守り方（たとえば、復活祭(11)の暦など）*24、さらには神学的理解の多様化が生まれました。特に聖餐については、先の『十二使徒の教訓』に見られたような教会（神の民）としてのブドウやパンという理解から、二世紀末の監督エイレナイオスに見られる「神への供え物」という理解*25まで、じつに多様でした。

第二の発展は、それとは逆に、教会の伝承を明文化して継承しようとする伝統的典礼（リタージ）の形成です。ローマの教会に伝わる伝承をまとめたヒッポリュトスの『使徒伝承』*26（三世紀）には、礼拝時のあいさつ（平和のあいさつ）の仕方、求道から洗礼式に至るまでの詳細なプロセス、共同の食事や聖餐式についての諸注意、さらには祈りの時間の指定や時間ごとの祈りの内容、十字を切る習慣(12)など、聖書には記されていない諸々の規定が盛り込まれています。

そして第三は、三一三年のキリスト教公認後、帝国全体が急速にキリスト教化していく過程で、土着のさまざまな習慣や文化（たとえば、祝祭日

(11) **復活祭（イースター）**
クリスマス（降誕祭）と並ぶキリスト教の大きな祭礼。太陰暦をもとに春分の日の後の最初の満月の次の日曜日と定められているため、毎年月日が移動するが、たいてい四月上旬である。

(12) **十字を切る**
迫害時代に、人目につかないよう、額や口、胸などに、そっと小さな十字架のしるしを手を使って切り、信徒同士、互い

や葬儀の仕方など）が取り入れられていったことです。冬至の祭りがクリスマスになったことは有名ですが、他にもたとえばヒッポのアウグスティヌスの母モニカが亡くなったとき、彼は神への祈りをささげると同時に「土地の習慣」にしたがって埋葬したことを記しています。*27

以上、三つの発展（多様化・典礼化・土着化）は、私たちの国の諸教会にも見られるものです。しかし、礼拝という営みが、目には見えない神の恵みにあずかり、見えない神に対して捧げられるものだとすれば、やはり大切なのはその本質です。儀式尊重にせよ自由なかたちにせよ、そこに父・子・聖霊の豊かな恵みが現され、礼拝者が心からの礼拝を捧げているか。それこそが、いつの時代でも問われる問いでありましょう。

に信仰を確かめ合い、励まし合うために行われていたもの。キリスト教が公認されるにしたがって、大きく堂々と十字架のしるしを切るようになった。
　父と子と聖霊の三位一体の神への信仰告白として、この習慣は生まれ、現在でもカトリック教徒などは行っている。

初期キリスト教の賛美歌

キリスト教会の賛美歌は、他の礼拝要素と同様、ユダヤ教との連続性の中で生まれた。シナゴーグ（ユダヤ教会堂）礼拝において賛美が歌われたように、初期キリスト教の礼拝の場でも多くの賛美歌（「詩と賛美と霊の歌」エペソ人への手紙五章一九節参照）が歌われたことだろう。

本文中でも引用した（四四頁、注34）ローマの高官プリニウスの手紙に描かれた二世紀の小アジアでの礼拝では、夜明け前に集まった信者たちが、「神に対してするようにキリストに讃美を」歌ったとある（『キリスト教文書資料集』プリニウス「書簡」）。

その歌唱方法は、皆がユニゾンで歌う斉唱を始め、古代イスラエル以来の応唱（先唱者に会衆が応える）や交唱（二つのグループが歌い交わす）という方法も用いられたと思われる。

しかし、監督イグナティオスが「あなた方は心をひとつにして、愛のシンフォニーをもって、イエス・キリストを歌っているのです。そしてあなた方はみな、各人がコーラスに加わりなさい」と言っているように（本文一三六～一三七頁）、何よりも心の一致が重んじられた。

聖書時代の楽器、角笛

初期においては素朴な文体の詩であったものが、やがて礼拝の典礼化と共に、賛美歌そのものも技巧的になって行った。

最も古いキリスト教賛美歌集は、二〜三世紀の「ソロモンの頌歌」と呼ばれるシリア語の歌集と言われるが、シリアでは「聖霊の竪琴」と呼ばれたエフライムによる多くの技巧的な賛美歌が作られた。西方では、アンブロシウスが新たな賛美歌伝統の基礎を築いた。

主として神殿などで用いられた楽器類がシナゴーグでは用いられなかったのと同様、家の教会であったキリスト教礼拝でも、基本的には歌唱のみによる賛美が捧げられたと思われる。

この伝統はキリスト教公認後も守られ、教会（西方）の公的礼拝にオルガンが導入されるのは七世紀（一〇世紀？）になってからのことである。

アンブロシウス

女性音楽家を描いたモザイク画（4世紀・シリア）。後ろで演奏されているのが当時のオルガン

二章　古代教会の信仰告白

信仰告白の形成

礼拝と信仰告白は、本来、不可分の関係にあります。だれを礼拝しているのかわからずに礼拝するということは、（少なくとも聖書の信仰においては）できません。聖書には、ご自身の業と言葉によって、はっきりと自らの意志を明らかにする人格的な神が啓示されているからです。その神と出会い、その神を信じて礼拝する民が生まれていく。これが聖書の物語です。

アブラハム(1)は行く先を知らずに旅立ちましたが、自分を導く神を知らずに旅立ったわけではありません（旧約聖書・創世記一二章四節）。この神はや

アブラハムの時代、ウルはすでに歴史ある大都市であった。写真は、紀元前2300年頃の戦勝記念の碑

(1) **アブラハム**
神がカナンの地を約束した人物として、また「信仰の父」として、聖書に記されている人物。
神に召し出され、バビロニアのウルから南トルコのハランを経て、約束の地に一家を移住させた。アブラハムの息子がイサク、その息子がヤコブと続き、その子孫にイエス・キリストが生まれる。

がて「アブラハムの神、イサクの神、ヤコブの神」（旧約聖書・出エジプト記三章六節）と呼ばれるようになりますが、その同じ神がヤコブの子孫たちをエジプトの奴隷状態から救い出して(2)約束の土地へと導くと、「イスラエルの神」と呼ばれるようになります（旧約聖書・ヨシュア記二四章二節）。

　こうして神の御業の進展とともに、どのような神であるかを物語る言葉もまた詳細になっていきました（旧約聖書・申命記二六章五節以下）。

　このような神はどこにもいないし、このような神を信じる民も他

モーセが神から「十戒」を与えられた場所であるシナイ山と思われる場所
(Photo by MOSHE PRIDAN, Copyright © 2019 National Photo Collection)

(2) 出エジプト

　神がモーセを通して、十の災いをエジプトに引き起こし、海を二つに分け、エジプトからイスラエルの民を脱出させた出来事のこと。

　エジプトで奴隷状態にあったイスラエル人たちは、解放を切実に神に祈り求めていた。聖書には、「神は彼らの嘆きを聞き」、モーセを遣わしたことが記されている。

にはない（同四章七〜八節参照）。そのような自覚が彼らの信仰告白またアイデンティティとなりました。

したがって、イスラエルの民とは、その本質において、決して血のつながりのみに基づく民ではなく、たとい異なる民族であったとしても、同じ神を信ずるとの信仰告白によって加えられた人々（たとえば、ヨシュア記二章一一節、ルツ記一章一六節）も含む、〝信仰の共同体〟なのです。

そして、この同じ神がナザレのイエスによってご自分の救いの計画を成し遂げられたとの信仰の告白（マタイの福音書一六章一六節、使徒の働き二章二二節以下）、これが新約の教会の出発点でした。ですから、この新しい神の民が、新しい神の御業についての信仰告白を産み出していったことも当然のことです。「イエスは主です」（コリント人への手紙第一、一二章三節）というシンプルな告白にとどまらない、キリスト教会独自の信仰告白が、かなり早い時点から用いられていたことがわかります。

復活の主ご自身と遭遇し、直接に主からの指示を受けることのできた使徒パウロでさえ、最も大切なこととして人々に「伝えた（伝承した）」内容は、彼自身、主イエスから使徒たちを通して「受けたもの」でした（同一五章三節）。

実際、新約聖書を丁寧に調べてみると、キリスト教会が共有していた教えの塊《かたまり》のようなものが存在していたことを示唆する文言が、あちらこちらに見られます。たとえば、「使徒たちの教え」（使徒の働き二章四二節）、「伝えられた教え」（コリント人への手紙第一、一一章二節）、「伝えられた教えの規範」（ローマ人への手紙六章一七節）、「委ねられたもの」（テモテへの手紙第一、六章二〇節）、「基礎的なこと」（ヘブル人への手紙六章二節）などです。

その中心的内容は、造り主なる神への信仰、御子イエスの受

ピリポ・カイサリアにある「パンの洞窟」。この場所で、イエス・キリストは弟子たちに、「わたしをだれだと言いますか」と尋ね、弟子のペテロは、「あなたは生ける神の子キリストです」と信仰告白をしたといわれる（マタイ16:16参照）（Photo by Milner Moshe, Copyright © 2019 National Photo Collection）

肉・苦難・十字架の死・葬り・復活・昇天・着座・再臨、聖霊、死者の復活、最後の審判などです（ローマ人への手紙一章三～四節、コリント人への手紙第一、一五章三～四節、テモテへの手紙三章一六節、ヘブル人への手紙六章一～二節等）。これらが、今日『使徒信条』として知られている信仰告白の内容とほぼ重なることに、お気づきになったでしょうか（一二五頁参照）。

C・H・ドッドという新約学者は『使徒的宣教とその展開』（新教出版社、一九九七年）という書物の中で、原始教会において共有された福音の中心的内容を「宣教（ケリュグマ）」[3]と呼び、それはさまざまな状況の中で多様に解釈され、時に敷延《ふえん》されたが、その基本的要素は常に一致していたことを明らかにしました。新約の教会は、まさにこのような信仰告白を中心として形成された新しい神の民であり、その告白は（旧約時代と同様）民のさまざまな生活場面で機能し、豊かにされ、深められていきました。

四世紀に伝わる『使徒信条』成立の伝説によれば、「地の果てに至るまで福音を宣べ伝えよ」との主イエスのご命令を果たすために旅立とうとした使徒たちは、キリストへの信仰に導かれた人々に、別々のことを説明することのないようにと、聖霊に満たされつつ、共通の基準を共に定めたと

(3) **宣教（ケリュグマ）**
ギリシア語の「ケリュグマ」は、「宣教」「説教」「宣言」「使信」等と訳される。宣教の内容は、イエス・キリストによって告知され、もたらされた神の国の福音である。

のことです。[*28]

これが単なる伝説であることは、一六世紀の宗教改革[(4)]の時代には広く認識されていました。しかし他方で、改革者たちは、その内容の使徒的起源を疑いはしなかったのです。使徒たちの教えは、まさに父なる神・子なる神・聖霊なる神による救いの御業の啓示であり、キリストの教会はその啓示に対して「我信ず」と告白する民の共同体にほかならないと理解したからです（マタイの福音書一六章一八節参照）。宗教改革者たちは〝聖書のみ〟を主張しつつも、聖書の中心的な信仰告白である『使徒信条』を用いて、健全な教会形成を果たしたのでした。

主イエスから使徒たちを通して連綿と受け継がれてきた〝信仰の基準〟。これなくしてキリストの教会は成り立ちません。この信仰告白を保持することによって、教会のさまざまな営みは中心を見失うことなく豊かに整えられていくからです。

(4) **宗教改革**
ドイツ人修道士のマルティン・ルターが一五一七年に口火を切った改革。「信仰のみ、聖書のみ、恵みのみ」が改革のスローガンとなった。

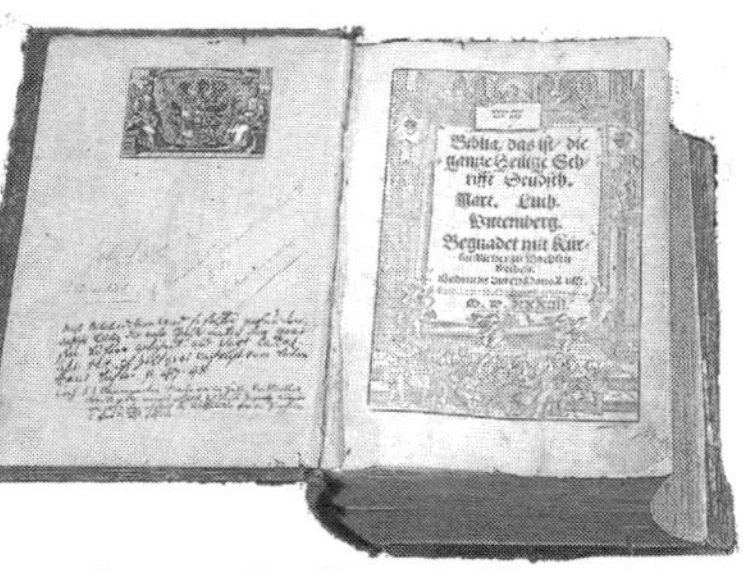

ルターが、ドイツ語に訳した聖書（1534年）

〝信仰の基準〟の重要性

主イエスから使徒たちを通して受け継がれてきた〝信仰の基準〟は、教会にとって、なぜそれほど重要なのでしょうか。

①洗礼時の告白そのもの

第一に、それは、キリスト者になるための洗礼時の告白そのものだからです。「父、子、聖霊の名において」洗礼を授けなさいという主イエスのご命令（マタイの福音書二八章一九節）のとおり、教会は早い時期から司式者または受洗者本人が父・子・聖霊を信ずるという三項形式の告白をしていたことがさまざまな史料から明らかになっています。

その最も整ったかたちは、三世紀のローマ教会の式文に見られます。

ネゲブ（イスラエル南部）で発掘された東方教会の洗礼槽。十字の形の一方から水に降り、新しく生まれ変わり、もう一方から上がったとされる（Photo Copyright © 2019 National Photo Collection）

受洗者が水に入ると、洗礼を授ける者はその上に手を置いて言う。「全能の神である父を信じますか」。受洗者は答える。「信じます」。するとただちに洗礼を授ける者は受洗者の頭に手を置いたまま、一度目の水に浸す。それから次のように言う。「聖霊によっておとめマリアから生まれ、ポンテオ・ピラトのもとで十字架につけられて死に、三日目に死者のうちから復活し、天に昇って父の右に座し、生者と死者をさばくために来られる神の子、イエス・キリストを信じますか」。受洗者が「信じます」と答えると、二度目の水に浸される。それからまた尋ねる。「聖なる教会の中で聖霊を信じますか」。受洗者は答える「信じます」。こうして三度目の水に浸される。*29

おそらく、受洗を願った求道者たちは、この告白に基づいた聖書の教えを学び、そうして学んだことを自らの口で「（私は）信じます」と告白したのでしょう。その意味で、信仰告白は、受洗準備の基準としても用いられたと思われます。

②異端論争における聖書解釈の基準

第二に、〝信仰の基準〟が重要なのは、それが聖書解釈の基準であり、とりわけ異端論争においてその力を発揮するからです。異端とは、同じ聖書に基づきながら、全く異なる解釈（教理）を生み出すことです。事実、異端には異端なりの解釈基準がありました。

それでは、同じ聖書を用いつつ、なぜ一方は正しく他方は誤りと言えるのでしょうか。なぜ教会の「基準」は正しく、異端者たちのそれは誤っているのでしょうか。

ここに〝信仰の基準〟の持つ、最も大切な性格が明らかになります。すなわち、繰り返し述べてきたように、この〝信仰の基準〟は、旧約の信仰告白を前提しつつ、主イエスから使徒たちを通して継承されてきた教えの基準だからです。

つまり、この基準は聖書が完成してからそれを元に作られたものではなく、信仰共同体の礼拝と生活のまさに中心にあった信仰そのものであり、

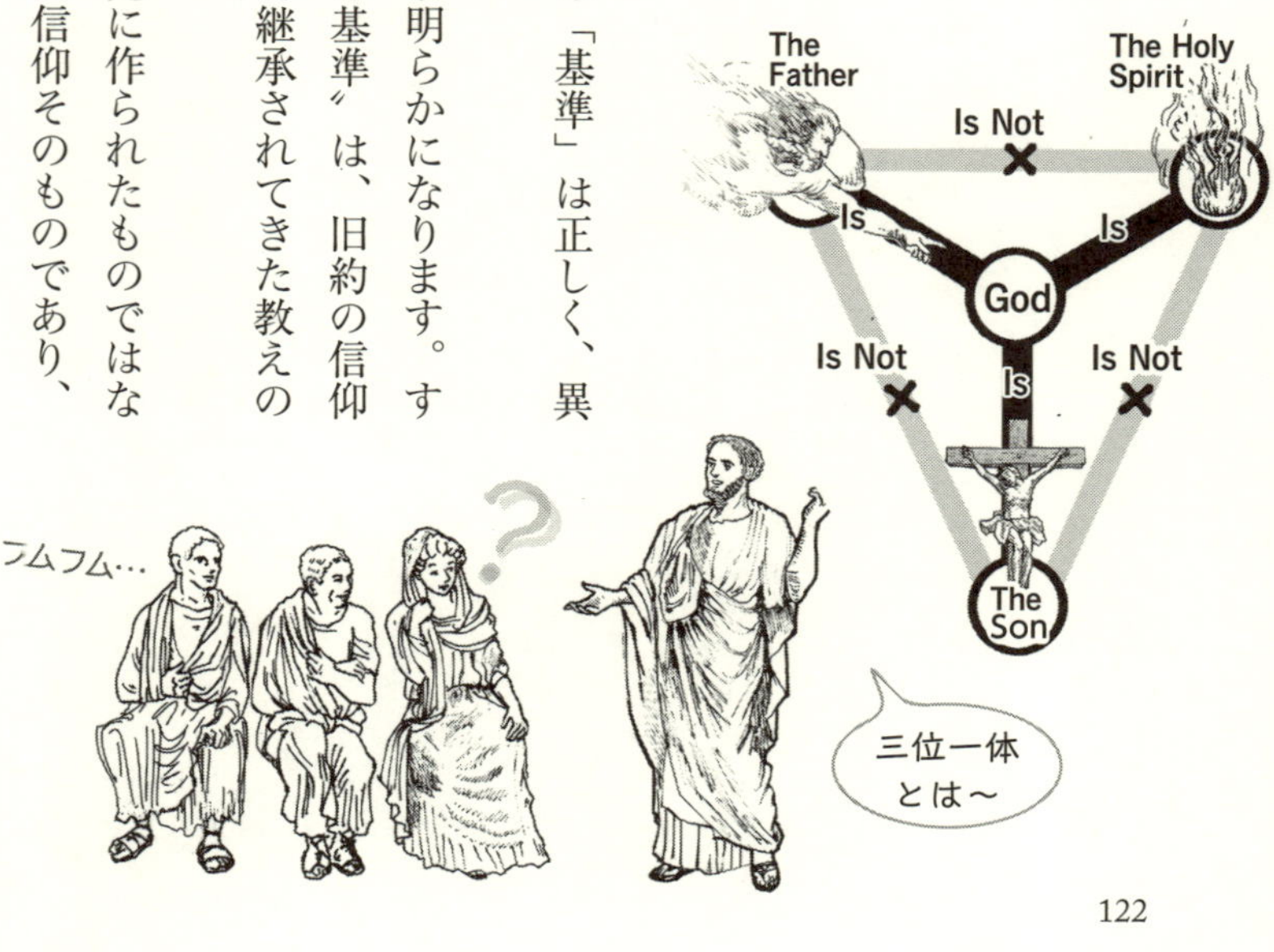

聖書とともに受け継がれてきた信仰にほかならないからです。

この〝信仰の基準〟の内容とは、すなわち、父・子・聖霊の神の御業、とりわけ主イエス・キリストにおいて実現した神の救いの出来事の告白でした。それゆえ、父と子と聖霊の御業を統一的に信ずる信仰は、旧約聖書と新約聖書を統一的に解する聖書理解へと、必然的に向かわせます。

ところが、古代教会最大の異端であるグノーシス主義（五一頁注2参照）は、旧約と新約、創造者と救済者、物質と霊、怒りの神と愛の神を分離させる二元論的な聖書理解に陥ったのでした。彼らの間違った聖書理解を論駁したテルトゥリアヌスやエイレナイオスなどの教父たちは、この〝信仰の基準〟を継承している教会で聖書を読むことの必要性を訴え、三位一体的な聖書解釈を主張したのでした。

③健全な神学の形成

単に異端を退けたという消極的役割だけではありません。このような聖書理解を形作る〝信仰の基準〟は、教会にとっての健全な神学形成を促すという積極的な役割も果たしました。これが三番目の貢献です。

キリスト教信仰は三位一体的な神の救いの出来事に基づいていること、それゆえ歴史的であると同時に歴史を超えていること、被造世界は本来善であること、万物と歴史の主はキリストであること、この救済史は聖霊によって終わり（完成）に向かって導かれていること、等々。〝信仰の基準〟の枠組みは不変であり、そこにおいて一致しながらも、聖書の多様で豊かなメッセージによって、健全かつ多彩な神学が築かれていったのです。

使徒信条とニカイア信条

このような信仰基準と聖書と教会との有機的関係の自覚とともに、古代教会は確固たる発展を遂げ、異端との戦いを乗り越え、やがて全キリスト教会共通の信条であるニカイア信条（三二五年）の告白と三位一体の教理の確立に至りました。それは、決して偶然ではなく、必然的な発展の結果と言えましょう。

古代信条または公同信条という場合、通常は使徒信条・ニカイア（コンスタンティノポリス）信条・カルケドン信条・アタナシオス信条の四つを指しますが、ここでは特に最初の二つの信条について簡単に学んでおきましょう（後の二つについては、章末コラム「古代教会の信条」を参照）。

①使徒信条

我は天地の造り主、全能の父なる神を信ず。
我はその独り子、我らの主、イエス・キリストを信ず。
　主は聖霊によりてやどり、処女マリヤより生れ、
ポンテオ・ピラトのもとに苦しみを受け、十字架につけられ、
死にて葬られ、陰府にくだり、三日目に死人のうちよりよみがえり、
天に昇り、全能の父なる神の右に坐したまえり、
かしこより来りて、
生ける者と死ねる者とを審きたまわん。
我は聖霊を信ず。
　聖なる公同の教会、聖徒の交わり、罪の赦し、
　身体のよみがえり、永遠の命を信ず。アーメン。*30

すでに見てきたように、「使徒信条」の内容はイエスの使徒たちにさかのぼる古いもので、信条の形としては、古代教会（特にローマ教会）で用いられていた〝洗礼告白〟が元になっていると思われます（一二二頁参照）。アウグスティヌス[5]も「ローマでは、あなた〔主〕の恵み〔洗礼〕を受けようとする人々は一段と高い所から信者たちの面前で、暗記した決まり文句で、信仰告白をする習慣である」と述べています[*31]。

暗記できるほど簡潔で、使徒たちにまでさかのぼる、まさにキリスト教信仰の核とでも言うべき「使徒信条」は、しかし、信条として最終的にその文言が確定するのが紀元八世紀の西方教会（ローマ・カトリック教会）においてです。

そのため、東方教会には知られておらず、厳密に言うと〝全キリスト教会共通の信条〟とは言えません。しかし、その起源と内容は、全教会が信ずべき公同の信仰告白であることは確かです。

②ニカイア・コンスタンティノポリス信条

アウグスティヌス。（ボッティチェリによる1480年頃の作品）

(5) アウグスティヌス（三五四～四三〇年）
西方キリスト教の最大の神学者、哲学者、説教者。青年期にマニ教を信奉し、次いで新プラトン学派哲学に傾倒、三十二歳でキリスト教に回心した。異端・異教との論争の中で、神の恩寵のみによる救いと教会の絶対性などの議論を展開。『告白録』『神の国』『三位一体論』等の著作がある。

私たちは信じます。
唯一の神、全能の父、
　天と地とすべて見えるものと見えないものとの造り主を。
また、唯一の主イエス・キリストを。
主は、神の独り子、世々に先立って御父から生まれた、
光からの光、まことの神からのまことの神、
造られたのではなく生まれ、御父と同一本質《ホモウシオス》である方。
万物はこの方によって造られました。
主は、私たち人間のためまた私たちの救いのために、天から降り、
聖霊と処女マリアによって受肉し、人となり、
ポンテオ・ピラトのもとで私たちのために十字架につけられ、
苦しみを受けて葬られ、聖書のとおり三日目によみがえり、
天に昇り、御父の右に坐しておられます。
また、生きている者と死んだ者とを審くため
栄光のうちに再び来られます。

その御国は終わることがありません。
また、聖霊を。
聖霊は主であり命の与え主、御父[※]から出られ、
御父と御子と共に礼拝され共に栄光を受けられる方。
預言者たちを通してお語りになった方。
そしてまた、一つの聖なる公同の使徒的教会を。
私たちは告白します。罪の赦しのための一つの洗礼を。
私たちは待ち望みます。死者の復活と来るべき世の命を。
アーメン。[*32]

西方・東方を含めた全キリスト教会が共通して告白する唯一の信条がこれです。キリストの神性をめぐる論争に決着をつけるべく、三二五年にニカイアで開催されたキリスト教史上最初の公会議によって作成された信条（「原ニカイア信条」[6]）を基に、三八一年のコンスタンティノポリス会議においてより十分な信仰告白として整えられました（文書の承認は四五一年のカルケドン会議）。

(6) 原ニカイア信条
アレクサンドリアのアレイオスという人物が、「御子キリストは父なる神に限りなく近い存在であるが神ではなく、神の

ところが、その後、トレド会議（五八九年）で西方教会が「御父から出られ」という本文（右本文※の部分）に、「と御子（ラテン語・フィリオクエ）」を加えたために、東西教会分裂（コラム「西方教会と東方教会」参照）の原因の一つになってしまいました。そのため、今日、エキュメニカルな集会などで用いる際には、もっぱら修正前の本文を用いることが多いようです。

第１ニカイア公会議を描いた絵。アレイオスが下方の闇に描かれ、断罪されている（画像・Jjensen on wikipedia）

本文をご覧になればおわかりのとおり、この信条は、「使徒信条」が告白している基本的な信仰をベースにしながらも、キリストの御業の救済的な意義（「私たちのため」）を強調し、御父と御子と聖霊とが等しく礼拝される三位一体の神で

被造物にすぎない」と主張し、キリストの神性をめぐる大論争となった（アレイオス論争）。

　キリスト教公認後、キリスト教によって帝国内統一を考えていたコンスタンティヌス帝は、この論争によってキリスト教会が分裂することを恐れ、皇帝自らが司教、司祭、信徒たちを召集し、三二五年、ニカイア公会議を開いた。その会議で採択されたのが、「原ニカイア信条」である。

あることを明瞭かつ頌栄的に告白している信条になっています。「同一本質（ホモウシオス）」という用語が聖書の用語ではないために論争の的ともなりましたが、以後、この信条がキリスト教正統信仰の基準となりました。

日本の教会の多くが聖書に対する純粋な信仰を持っていることはすばらしいことです。しかし、その一方で、どうしても信仰告白の重要性に対する認識が弱いように思われます。おそらく、信仰告白は、聖書に基づきつつも後の教会が作り出したもので、〝聖書のみ〟というプロテスタント原理を曇らせるとの危惧があるからではないでしょうか（一一九頁参照）。

しかしながら、本章で見てきたように、信仰告白と聖書と教会の三つは、旧約においても新約においても決して切り離すことができないものです。とりわけ、古代教会における使徒信条やニカイア信条に表された〝信仰の基準〟は、迫害下でも守り続けてきた聖書そのものの生成に関わる根本的

会議に集まった人々は「イエスの傷跡を身に帯びていた」と記録されている。迫害終結後から約20年の時期に開催された会議には、まだ迫害の傷跡が生々しく残るキリスト者たちが集った

な神信仰の表明なのです。

　ですから、たとい聖書と教会は大切にしても、イエスから使徒たちに受け継がれてきた信仰告白を軽んじてしまうならば、結果として聖書解釈も教会形成も極めて人間的で恣意的なものにならざるを得ません。

　後の時代に教理論争となった諸々の信条文書はともかく、少なくとも使徒信条やニカイア信条の重要性を古代教会の歴史からもう一度学び直すことは、これからの日本の教会の健全な成長にとって不可欠なことではないかと、私は思います。

古代教会の信条

キリスト教会（特に西方教会）は、昔から使徒信条・ニカイア信条・カルケドン信条・アタナシオス信条という四つの信条を教会の基本的または普遍的信条として共有してきた。ここでは、本文で触れられなかったカルケドン信条とアタナシオス信条について扱う。

◆『カルケドン信条』（四五一年）

カルケドン信条は、四五一年のカルケドン会議において作られた文章である。正確には「私（たち）は信ずる」と表明する〝信条〟とは異なる、イエス・キリストの性質についての信仰の定義である。

イエスが真の神であると告白したニカイア信条の信仰を継承しつつ、イエスが同時に真の人でもあったことを定義した。それは（エウティケスが言ったように）二つの性質がミックスしているのでも（ネストリオスが主張したように）全く別々なのでもない。一つの人格／位格（ペルソナ）の中に二つの本性が統合しているという神秘。これが〝二性一人格〟として知られるようになった教義

カルケドン会議の様子を描いた画

内容的には、ニカイア信条やカルケドン信条が告白した三位一体と二性一人格という正統教理を、少々人為的にすぎるほど精巧かつ学術的な命題として包括的に告白している。古代教会の正統的信仰の〝粋〟として、西方教会では重んじられてきた。

現在のコンスタンティノポリス。この対岸でカルケドン会議が開かれた

である。

◆『アタナシオス信条』（五／六世紀？　南フランス？）

アタナシオス信条については、いつ・どこで・だれが作成したのか、何も明確なことがわからない。突如として七〜八世紀の文書に出てくる信条である。

その名で呼ばれているアタナシオスの作ではないが、三位一体の教理についての非常に精緻《せいち》でバランスの取れた内容であることから、正統信仰の確立に力があった偉大な教父の名前をもって呼ばれるようになったのだと思われる。本文はラテン語であるため、東方教会には知られていない。

三章　古代教会の霊性

信仰告白と聖書と教会の関係、そして父・子・聖霊なる神への信仰こそが礼拝の中心であり、教会形成と健全な聖書解釈また神学の核であることを学びました。古代教会は、このような共通の信仰を告白しつつも（むしろ共通の信仰を土台としているからこそ！）、他方ではじつに多様で豊かな霊性を生み出しました。

「霊性」とは、私の言葉で言い換えるなら〝信仰のかたち〟ということです。一人一人の信仰者がもつ内的・外的な信仰の傾向あるいは特質のことを指します。信仰の個性と言ってもよいでしょう。

興味深いのは、霊性は本来個々人の信仰に関わることであるにもかかわ

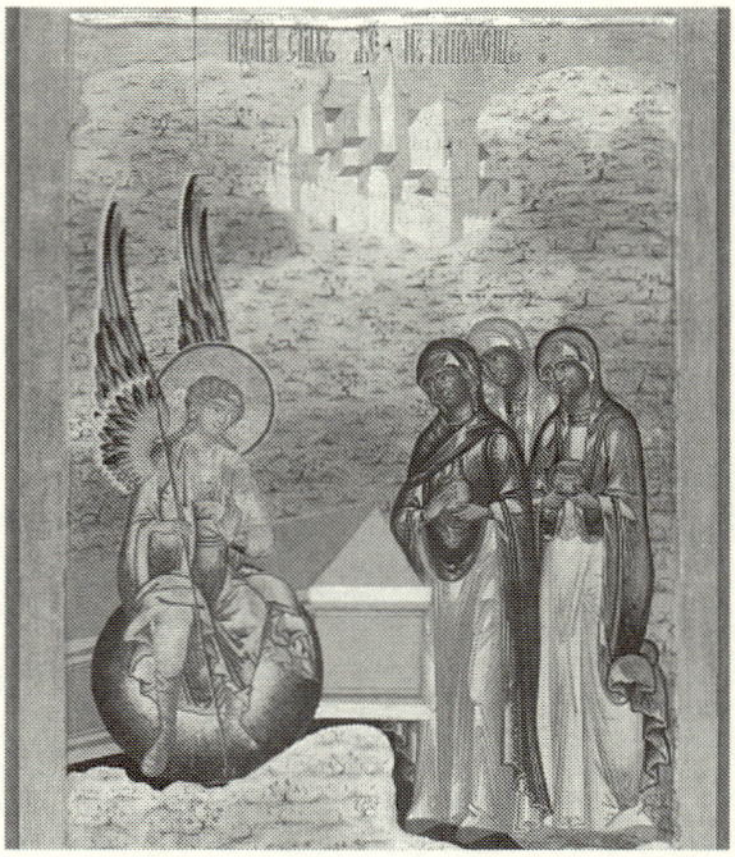

復活日の朝、３人の女性が目撃した「空の墓」を描いたイコン

らず、その時代ごとの特徴を帯びるということです。なぜなら、その時代特有の問題や課題に対して、信仰者たちは絶えず立ち向かい、それを乗り越えようとするからです。

古代教会が直面していた問題には、教会の急速な拡大と迫害、異教文化とキリスト教信仰、そして異端の出現と正統的信仰の確立などを挙げることができるでしょう。とりわけ、迫害下と迫害後の信仰では、大きな違いが生じます。迫害下はいうまでもないことですが、実は迫害がないこともまた信仰にとっては大きなチャレンジだからです。

これら諸々の課題に、古代教会のキリスト者たちはどのような信仰姿勢をもって取り組んでいったのでしょうか。ここでは、古代教会を代表する霊性の体現者また指導者であった人たちを年代順に概観することで、その信仰の特徴を学ぶことにしましょう。

イグナティオス(1)（三五？～一〇七？年）

若い頃にキリスト教に回心。後にアンティオキアの監督となった人物で、

(1) **イグナティオス**
アンティオキアの第二代監督。「アンティオキアのイグナティオス」とも呼ばれる。同年代を生きた使徒たちと直接の関係はないが、イグナティオスはパウロやヨハネを高く評価し、その信仰の立場を継承した。
トラヤヌス帝の時代、アンティオキアの教会の責任者として逮捕され、野獣の餌食とされて殉教した。

死刑判決を受けてローマで殉教の死を遂げます。アンティオキアからローマへと護送されて行く道すがら、周辺の七つの教会[2]に宛てて書かれた手紙が残っています*[○33]。

イグナティオスの霊性の特徴の第一は、教会の指導者として、迫害下にあって何よりも教会の一致と調和を求めたという点です。イグナティオスは、その一致を、主が一人であること、主の聖餐が一つであること、そして監督が一人であることから論じます。

ですから〔分裂に陥らず〕ただひとつの聖餐に与《あずか》るよう努めなさい。何故なら、私達の主イエス・キリストの肉はひとつ、彼の血と合一するための杯はひとつ、祭壇はひとつ、ちょうど長老団と、私の〔主に対する〕奴隷仲間である執事達とむすばれている監督はただひとりなのと同様です*[○34]。

それゆえあなた方は監督の意向に一致してゆくのがよろしいのです……。こうしてあなた方は心をひとつにして、愛のシンフォニーをも

(2) **イグナティオスの手紙（七つの教会）**

エフェソ教会、マグネシア教会、トラレス教会、ローマ教会、フィラデルフィア教会、スミルナ教会、ポリュカルポス監督に宛てた七つの手紙が残っている。

その手紙に共通する内容は、諸教会の好意に対する感謝、教会の一致団結の勧め、仮現説（地上のイエスの生涯や受難を現実ではなく、単なる仮象とする説）とユダヤ教化への警告、シリア教会に使節を派遣することの依頼などであった。

って、イエス・キリストを歌っているのです。そしてあなた方はみな、各人がコーラスに加わりなさい。それは心をひとつにして声をあわせ、一致して神の調べをかなで、イエス・キリストによりひとつ声で父を歌うため……です。*35

ここにはキリストのからだなる教会が、キリストの命を現す聖餐を中心としたいわば〝聖餐共同体〟として描かれ、そのキリストの務めを担う役員たちの一致、そして役員たちにつながる信徒たちの一致というふうに、階層的というよりは同心円的な一致の共同体として述べられています。しかも、その一致はハーモニー（調和）としての一致だということに注目しましょう。迫害下にありながら、〝闘う教会〟としての団結というよりも、死をも超えるキリストの命に根差した平和の共同体形成を呼びかけるイグナティオスの霊性は、じつに印象的です。

第二に、他方で、ローマでの殉教の死に向かって行く

古代教会で使われていた聖餐卓（ピシディアのアンティオキア遺跡・現トルコ）

彼のただならぬ覚悟と殉教への燃えるような熱心に、私たちは圧倒されます。

　私はすすんで神のために死ぬのです――もしあなた方が妨害しなければ。お願いですから、「時宜《じぎ》にかなわない親切」はしないで下さい。私に獣の餌にならせてください下さい。私は獣を通って〔こそ〕神に到達することが出来るのです。私は神の穀物であり、キリストの潔きパンとなるため、獣の歯で碾《ひ》かれるのです。どうか獣が私の墓となるよう、また私が死んだのち誰かに迷惑をかけるといけませんから、獣が私のからだのどこも残さないよう、むしろ獣を煽《あお》って下さい。世が私のからだをも見なくなるとき、そのとき私はほんとうにイエス・キリストの弟子となるでしょう。*36

イグナティオスは、神のために死ぬことを喜びとするだけでなく、自分

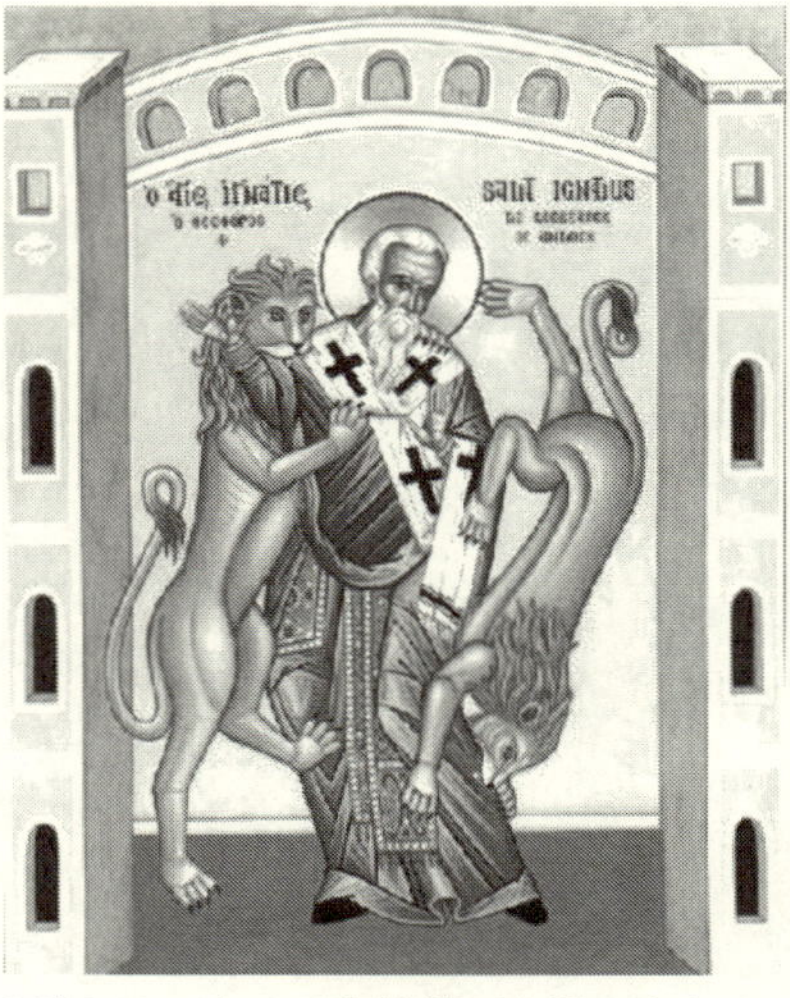

イグナティオスの殉教場面を描いたもの

を競技場で餌食にするであろう獣を煽《あお》って、無理にでも食わせてみせると豪語します。なぜなら、そうして自分のからだを文字どおり「生きたささげ物」（ローマ人への手紙一二章一節）として献げ尽くすことが、真にキリストの弟子となる道、またキリストに到達する道だと信じていたからです。

これは、キリストの受難と自らの受難とを重ねる〝イミタティオ・クリスティ（キリストにならいて）[3]〟の霊性と言えましょう。このような殉教への熱心は、迫害下を生きたすべてのキリスト者たちに、多かれ少なかれ見いだすことができますが、とりわけ教会の指導者たちの信仰の模範が信徒たちに与えた影響は小さくなかったことでしょう。

もう一つ、イグナティオスの霊性の特徴を挙げるとすれば、先の大仰な物言いとは対照的に、「沈黙」の意義を強調したことです。「イエスの言葉を真実に自分のものとした人は、彼の沈黙をも聞くことができる[*37]」「キリストは沈黙から出た神の言葉[*38]」さらに、キリストの受胎と誕生と十字架の死は「神の静けさ」の中で起こった出来事だとも言っています[*39]。

この場合の「沈黙」とは、おそらく神の秘儀、または奥義と言いかえることができるでしょう。迫害の怒号が飛び交うで、神の「かすかな細い

(3) イミタティオ・クリスティ
中世のヨーロッパの修道士、トマス・ア・ケンピスによって書かれたとされる本のタイトル。「中世の最高の信仰書」とも言われ、聖書に次いでキリスト教徒の霊的修練の書として広く読まれ、親しまれている。
厳しい自己批判、純粋性の追求、世俗への挑戦、キリストとの霊的な交わりなどの内容を記している。

トマス・ア・ケンピス

声」（旧約聖書・列王記第一、一九章一二節）を聞き取るために、静かに信仰の耳を澄ましつつ生きる姿勢は、この世の声のみに左右されがちな今日の私たちにとって、じつに示唆的ではありませんか！

ユスティノス（一〇〇?〜一六五?年）

人がキリストを信じるに至るプロセスが多様であることは、古代教会も同じです。しかし、高度なギリシア的教養を表面的には重んじつつも、実際には富と権力に物を言わせる人々が実権を握っていたローマ帝国では、本物の真理を求める〝求道者〟たちが少なくありませんでした。ここでは、そのような求道者たちの中でも、最も顕著な二人の霊性をご紹介しましょう。

〝殉教者〟(4) ユスティノスとして知られているこの人の霊性の根幹には、その回心体験があります。ユスティノスは一人の求道者として真理を求めつつ、さまざまな学派の哲学者たちの門を叩きますが、どこにも満足を見いだすことができません。ついに彼は、物質よりも精神（魂）を尊ぶプラ

(4) **ユスティノスの殉教**
ユスティノスは古代キリスト教弁証家。パレスチナの異教徒の家庭に生まれる。
ユニウス・ルスティクス（一〇〇頃〜一七〇年）の治世下、キュニコス派（ヘレニズム期の古代ギリシア哲学の一派）のクレスケンスとの論争を機に、六人の弟子とともに処刑された。「殉教者ユスティノス」と呼ばれる。

トン哲学[5]との出会いを通して喜びを見いだし、そこで精進する日々を送ります。

ところが、ある日のこと、彼は海辺で一人の老人と出会います。ユスティノスはその老人と哲学や神や魂について論じるのですが、老人が語ることは、それまでだれからも聞いたことのない不思議な教えでした。哲学者たちよりもずっと以前から預言者と呼ばれる人々がいて、彼らこそ人間の知恵をはるかに超えた神の真理の証人であること、彼らが書いた文書（聖書）を読んで信じるならば大いなる益を得るであろうこと、しかし、その理解を得るためには神とキリストへの祈りが必要であること、等々。すると、「私の魂の中にはただちに火が点ぜられ、預言者たちとキリストの友人であるあの人々〔使徒たち〕への愛が私を把えた。……私はこのようにして、またこれゆえに〝哲学者〟となったのである」*40。

人知を超えた神の真理が啓示された聖書の教えこそ、真の「哲学」である。イエス・キリストこそ唯一真のロゴス（言＝理念）であって、すべての哲学的真理はその前段階にすぎない。ユスティノスはこの確信をもって、殉教に至るまで、聖書の真理を証し

(5) プラトン
古代ギリシア哲学の最盛期であった紀元前四世紀のアテネを代表する哲学者。アテネの貴族の出身。哲学者ソクラテスの弟子。師ソクラテスの不条理な死と、当時の政治情勢に対する失望から哲学の道に入った。
現実の世界は真実の世界（イデア）の影のようなものであるととらえ、それを探究した（イデア論）。

プラトン（前427〜前347年）

し続けたのでした。

オリゲネス（一八四？〜二五三？年）

そのような探求をより一層深めた人物が、キリスト教史上最初の聖書学者にして神学者と呼ばれるオリゲネスです。

「オリゲネスの場合には、いわば産着を着ていた頃のことさえ、語るに値する」と教会史家エウセビオスが記すほど数々[*41]のエピソードに満ちているこの人物は、アレクサンドリアの裕福なキリスト者の家庭に生まれ育ちました。幼い時から聖書に親しみ、そのより深い理解を求め続けたといわれます。

父レオニデス[6]が殉教したことで財産を失いましたが、支援を受けつつ勉学を続け、ギリシア哲学の該博な知識を身に付けると同時に、多くの求道者たちにキリスト教の初歩を指導する〝教理学校〟を開設するに至ります。

人々を驚かせたのは、彼のまさに天才的な才能だけではありませんでした。イエスの教えを文字どおり実践し、ただ神にのみ生きるために自ら去

レオニデスを処刑したセプティミウス・セウェルス帝の胸像

(6) レオニデスの殉教

オリゲネスが十七歳のとき、皇帝セプティミウス・セウェルス（在位一九三〜二一一年）により、キリスト教徒への迫害がアレキサンドリアで始まる。

父レオニデスの投獄により、オリゲネスも強く殉教を望むも、この望みをかなえられなかった。

レオニデスが斬首されたとき、若きオリゲネスは父の生涯の模範に倣わ

勢したり、年中裸足で過ごしたりなど、その徹底した禁欲生活、何よりキリストの苦しみの生涯を自らたどろうとする、燃えるような殉教への熱意に、弟子たちは圧倒されたのです。オリゲネスの禁欲的な在り方は、しかし、この世の否定ではなく、この世を超えるものを求めていたためでした。そして、このオリゲネスの生き方こそが、彼の聖書解釈法そのものなのでした。

18世紀のオランダの画家による、オリゲネスが学生に教えている様子を描いた絵画

オリゲネスは、聖書の文字どおりの解釈を軽んじません。それで意味がわかる場合にはそれでよいのです。しかし、一読しただけではわからない箇所、また表面的には愚かしくさえ思える箇所（特に旧約聖書）は、さらに深い意味を探求する必要を訴えます。

なぜなら、神の知恵は人の目に愚かに見えることの中にこそ表

なければと、生涯殉教への熱意をもつ。

その四十年後の説教の中で、オリゲネスは以下のように述べている。

「私は、殉教者の父をもったことを喜ぶために、よいわざを保ち、わが一族の高貴さ、すなわち、わが父の殉教と、父がキリストに示したあかしを誇りとしなければなりません。」（『エゼキエル書講話』より）

されるからです。表面的なメッセージを「感覚の福音／体の福音」と呼ぶとすれば、さらに深い意味を「霊の福音」と呼びました。文字どおりの意味から霊的な意味へと、オリゲネスは深く解釈することを求めたのです。[*42]

このような聖書解釈法は後に比喩的（アレゴリカル）解釈として、特にプロテスタントからは敬遠されましたが、歴史的な読解の中に永遠の神の意志を読み取ろうとする姿勢はいつの時代の解釈者も同じです。何よりオリゲネスの解釈法は、神の言葉としての聖書に対する絶対的な信頼に基づいていることを忘れてはなりません。

身体から霊へというオリゲネスの霊性は、彼の祈禱理解にもよく現れています。オリゲネスにとって「絶えず祈りなさい」とは、生活そのものが祈りの精神に一致することであり、したがって、全生活が祈りとなることなのでした。[*43]

神の言葉である聖書に喜びを見いだすことは、単なる知的満足とは違います。これらの人々は、聖書という文字を通して、生ける神と出会い、神を愛するに至った人々です。神に至る道はさまざまですが、永遠に残る神への信仰と希望と愛に至った人々は幸いです！

アタナシオス（二九五?～三七三年）*44

古代教会における霊性の在り方は、文字どおり死を覚悟していた迫害の時代と、キリスト教が公認(7)されて迫害が収束していく時代と、大きく二つに分かれます。キリスト教信仰にとって迫害が大きな危機であることはいうまでもありませんが、迫害がなくなれば危機はないかといえば、そうではありません。むしろ、迫害のない時代こそ、真に活き活きとした信仰をどう保ち続けることができるかという大きなチャレンジに直面することになります。

コンスタンティヌス(8)皇帝によって三一三年にキリスト教が公認されると、殉教という生の終わり方は次第に消えていきました。さらに、皇帝自身がキリスト教の支持者になると、社会におけるキリスト教の地位は著しく向上し、

コンスタンティヌス皇帝
（アヤソフィアのモザイク画）

(7) **ミラノ勅令（キリスト教の公認）**
三一三年にローマ皇帝コンスタンティヌス一世（西の正帝）と、リキニウス（東の正帝）が連名で発布したとされる勅令。
この勅令は、キリスト教を含むすべての宗教の「信仰の自由」を保障し、教会の没収財産の返却などが定められたものであった。

(8) **コンスタンティヌス皇帝（正式にはコンスタンティヌス一世）**
ローマ帝国の皇帝（在位三〇六～三三七年）。分割された帝国の再統一を果たし、元老院から「マクシムス（偉大な／大帝）」の称号が与えられた。

大きな礼拝堂が次々と建てられ、教会に人が押し寄せ、キリスト教会や聖職者たちの経済力・政治力は急速に増していきました。

しかし、他方で、ローマ帝国そのものの斜陽化と相まって、空前のキリスト教ブーム（三九二年には国教となる）による教会の世俗化と、質的低下が深刻な問題として現れてきたのです。

このような大きな時代の変化の中で、キリスト教信仰は新たな岐路に立たされました。たとい形骸化しても国家的宗教を主導する側に身を置いて歩んでいくか、それともこの世の栄華を求めることなく、どこまでも殉教的精神に生きていくか。この問いの前に現れたのが、アレクサンドリア[9]の監督となったアタナシオスという人物です。

ニカイア信条に表された三位一体信仰の擁護者として〝正統信仰の父〟

キリスト教公認後、かつて多神教の神殿だった壮麗な建築が教会堂として使われた（写真はサルデス）

と評されることもあるアタナシオスですが、彼は神学者というよりも、何よりアレクサンドリアの信徒たちを導く霊的指導者また牧会者でした。教会の指導者（監督）の働きは、真理を探究することでも論争することでもなく、ひたすらにキリストが命を注いだ信徒たちのために生きることであり、彼らに主の御言葉の糧をもたらすことだと、アタナシオスは自覚していました。[*45]

神の言葉である聖書により、また使徒たちを通して伝えられてきた「敬虔の教え」を忠実に継承し守ること、そして、その御言葉に信徒たちが生きていけるように指導することに、アタナシオスは精魂を傾けたのです。[*46]

キリスト教公認後、教会の事柄に介入してくる国家権力から自分自身と教会を守ると同時に、世俗化していく教会とこの世の力から信徒たちを守らなければならない。この困難な状況の中で、アタナシオスが特に注目したのが、信徒たちの間に自然

アタナシオス

アレクサンドリア図書館の内部（想像図）

(9) アレクサンドリア（エジプト）
ローマ時代からビザンツ帝国時代を通じて地中海貿易の中心地として繁栄した都市。「ムセイオン（研究施設）」や、世界最古にして蔵書数五十万冊といわれる「アレクサンドリア図書館」があった。

発生的に生まれていた修道運動⑽でした。いつ頃、だれによって始められたのか正確にはわかりませんが、三世紀の終わり頃から、教会や社会の腐敗から逃れて、荒野で厳しい信仰生活を送る人々が現れ始めたのです。

アタナシオスは、このように独自の信仰生活を始めた人々を非難するどころか、むしろ生ける殉教者ともいえる彼らの生活を称賛しました。神の言（ロゴス）であるキリストが受肉したのは、同じ肉体を持つ私たちが主の生活に倣うためである。また、聖書理解についても、「清浄な知性と聖なる者らの生活に倣うことなしには、何人も聖なる者たちの言葉を理解することはできない」[*47]とさえ言いました。

けれども、さらに重要なことは、このような修道生活を、アタナシオスが決して特別視しなかったことです。むしろ、およそすべてのキリスト者がそれぞれ自分の置かれた状況と賜物に応じて、古い自分に死に、御言葉に従い、主の喜ばれる生活のために励むこと、それこそが修道にほかならない。それゆえ、修道者たちの特異な生活スタイルを真似るのでなく、心の修道こそが大切である。しかも、それは超人的な人々のみがなしうるこ

聖アントニウス（大アントニウス）

⑽ 修道運動（修道士）
修道運動の起源は不明だが、「修道士」と呼ばれる存在が現れたのは、四世紀頃のエジプトと言われている。そのほとんどが共同生活を断ち、孤独な隠棲生活を行っていたため、「隠者」とも呼ばれた。
修道士の代表的な人物が、「キリスト教修道制の父」とも呼ばれるアントニウスである。また、同じくエジプト出身の修

とではなく、キリストの恵みの力によって、だれでもが模倣しうる生き方なのだ、と。そのように、アタナシオスは信徒たちを励ましたのでした（たとえば、アタナシオスが著したと言われる修道士の伝記『アントニウス伝』[*48]を参照）。

他方で、荒野の修道者たちもまた、自らが異端に陥らないためにも、教会の教えに学び、その指導を仰ぐことを大切にしました。

こうして、アレクサンドリアにおいては、荒野の修道者たちをも包含した一種の〝修道共同体〟が出現したのです。アタナシオスは、教会の指導者として、信徒たちが生ける神のリアリティーに生きることができるように励まし続けた人です。それは、キリスト教迫害終焉後の空虚な世界に、新し

道士パコミウスは、「共生修道院」を初めて創設している。

人里離れた崖の上に建てられた修道院（メテオラ、ギリシア）。キリスト教公認にともない世俗から離れて霊性を修養しようと修道院が建てられた

い信仰の〝かたち〟を与える働きでもありました。

地上における神の国の歴史は、決して単純ではありません。しかし、シンプルな福音が指し示す神の現実は、いつの世でも時代を切り開く力であり、そのような生への招きは今も続いているのです。

モンテ＝カッシノ修道院（イタリア）
西ヨーロッパにおける最初の本格的な修道院。529年、修道士ベネディクトゥスにより、モンテ（山）＝カッシノに建設される。「祈り、働け」をモットーに、訓練を受けたベネディクト派の修道士たちが、ヨーロッパの布教に大きな役割を果たした。建物は相次ぐ戦争により、何度も破壊された（画像・Halibutt on wikipedia）

四章　古代教会の制度

教会制度の起源と多様性

キリスト教会の働きのすべては、主イエス・キリストご自身の地上での働きそのものに根差しています。主イエス・キリストは、「使徒」また「大祭司」（ヘブル人への手紙三章一節）、「預言者」（使徒の働き三章二二節）、「師」（マタイの福音書二三章一〇節）、「しもべ」（ローマ人への手紙一五章八節）、「牧者」また「監督者」（ペテロの手紙第一、二章二五節）と呼ばれていますが、何より「仕える」者でした（マルコの福音書一〇章四五節、ルカの福音書二二章二七節等）。

ですから、キリストのからだなる教会の奉仕者たちもまた、頭《かしら》である主

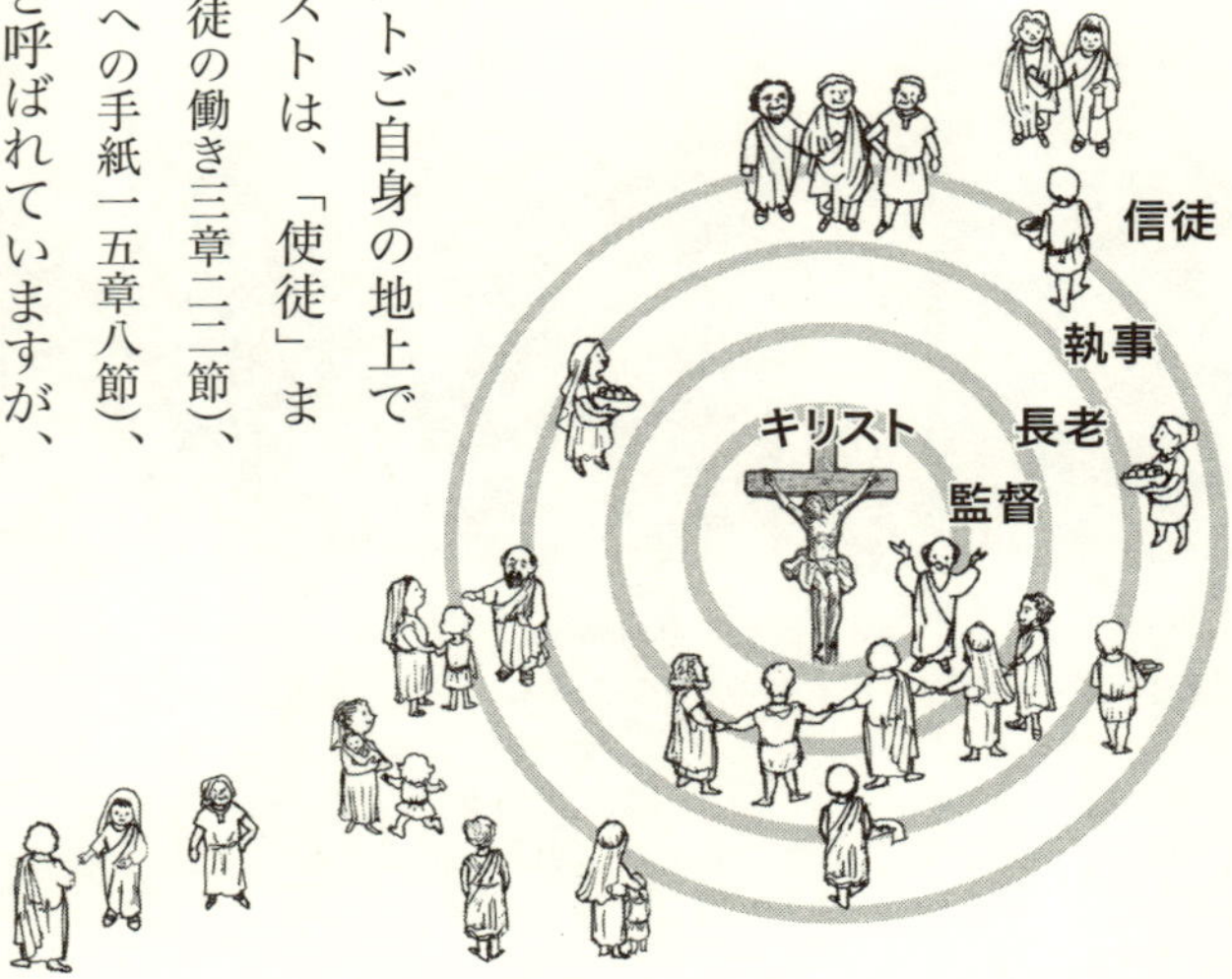

とその民に仕える者であり、聖霊の賜物に応じて（手足のように）多様かつ協働的に労するのです（ローマ人への手紙一二章六～八節、コリント人への手紙第一、一二章四～一一節、二八～三〇節、ペテロの手紙第一、四章一〇～一一節）。

初期キリスト教会には、当時のユダヤ教会や一般社会と同様に、群れのリーダーとなる「長老たち」がすでに存在していました（使徒の働き一一章三〇節）。しかし、使徒もまた長老の一人であり（ペテロの手紙第一、五章一節）、一般信徒と区別されるような〝聖職者〟はいませんでした。ところが、牧会者とその群れという比喩（同五章二節）や旧約の祭司との類比（『クレメンスの第一の手紙[1]』四〇）などによって次第にその区別が現れ始め、教会での職務（職制）が形作られていきました（テモテの手紙第一、三章など）。

このように、古代教会の組織や制度は、ちょうど礼拝の場合と同じように、おそらくはユダヤ教会のモデルをもとに、福音宣教による教会の働きのニーズや成長に応じて、徐々に整えられていったことでしょう。しかし、当時の社会一般の諸制度との類似性も指摘されていますから、それらの制度や職務は、必ずしも教会固有のものとはいえないようです。

少なくとも、キリスト教が公認されるまでは、教会が基本的には各地に

(1) クレメンスの第一の手紙

手紙の著者であるクレメンス一世（三〇頃～一〇〇年頃）は、ローマの司教であり、後にローマ教皇（四代）となる。

「第一の手紙」は、コリントの教会に宛てたものであり、教会内の紛争に際し、クレメンスが教会宛てに書いた手紙。

クレメンス

点在する家の教会であったこと、激しい迫害にさらされていたこと、そして主の早期再臨待望[2]が強かったことなどから、確固たる普遍的制度はいまだ十分に整っていなかったと思われます。むしろ、種々の状況に応じた多様な働きやかたちが存在し、女性を含む信徒たちが各自に与えられた賜物を活かしつつ、各々の教会の事情に応じた働きに参与していたと考えるほうが事実に近いでしょう。

今日においてなお、キリスト教諸教会の間で教会組織や職制についての一致が困難なのは、基準となるべき聖書と初期キリスト教のそれが未発達かつ極めて多様であったことに起因します。ですから、私たちが古代教会から学ぶことができ、また学ばなければならないのは、教会の制度や組織の実態そのものよりも、いったいなぜ何のためにそれが必要なのかという神学の問題です。

「委ねられたもの」を守るために

使徒パウロは、自らの務めについて語るとき、しばしば「委ねられてい

(2) **早期再臨待望**

新約聖書の「コリント人への手紙第一」一六章にある「主よ、来てください（マラナ・タ）」との言葉は、キリストが再び来られ、この世界の救いを完成する日を待ち望むキリスト者の祈りとなった。

迫害にさらされていた古代教会は、その再臨の時が一日でも早く来て、苦しい地上での生から解放され、御国に行けることを切実に祈り求めていた。

る」という表現を使います（コリント人への手紙第一、九章一七節、コリント人への手紙第二、五章一九節等）。また、後継者のテモテにも「委ねられたもの」を守るようにと勧めています（テモテへの手紙第一、六章二〇節、テモテへの手紙第二、一章一四節）。

時の経過とともに古代教会が意識し始めたのは、はたして教会に「委ねられているもの」とは何かという神からの啓示の完結性と聖書正典の問題、そして、それをだれが守るのかという教会における職制と権威の問題でした。

①啓示の完結性の問題

新約聖書の時代、教会において啓示の伝達者として最も重要な役割を担ったのは「使徒」たちですが、この場合の「使徒」は十二使徒に限られてはいませんでした（たとえばパウロも「使徒」）。さらに、使徒たちの他にも「預言」する人たち(3)がいて、旧約時代と同様に預言活動が活発であったことが知られています（使徒の働き一一章二七節、一三章一節他）。

ところが、二世紀になると金銭を目あてにした「偽預言者」も現れ始め

(3) 預言者
神のメッセージを伝えるだけでなく、民のために神に向かって語りかけることもする存在。
未来のことを「予告する者」という意味の「予言者」とは異なり、神の言葉を「預かる者」という意味で「預言者」と呼ばれる。旧約聖書では、モーセ、サムエル、イザヤなどが挙げられる。
真の預言者と偽預言者とは、態度や方法によってでなく、生活とメッセージによってのみ見分けることができる。

たため、真の預言者と区別する必要が出てきたようです。二世紀初頭の『十二使徒の教訓（ディダケー）』という文書には、次のように書かれています。

あなたがたのところに来る使徒はすべて、主のようにうけ入れなさい（マタイ一〇・四〇）。しかし彼は一日しか〔あなたがたのところに〕とどまるべきでない。必要ならば、もう一日〔とどまることができる〕。もし三日とどまるなら、その人は偽預言者である。使徒〔たるもの〕は、出発に際して、〔次の〕宿泊まで〔に必要な〕パン以外は何もうけとるべきではない。もし金銭を要求するなら、その人は偽預言者である。……偽預言者と預言者と〔の別〕は、その生き方から知られよう。……すべての預言者は真理を教えるが、その教えることを実行しないならば、彼は偽預言者である。[*49]

「主がこう言われる」と教えられれば、そうなのかと信徒は受けとめる以外にありません。しかし、少なくともその預言者が真実な預言者かどうかは、その生き方によって見分けられるというのです。

難しいのは、二世紀中葉に現れたフリュギアのモンタノス(4)を中心としたグループでした。彼らは、聖霊による新しい啓示や教会の刷新を主張すると同時に、厳格かつ禁欲的な生活を送っていたからです。

当時のキリスト教会に大きな混乱をもたらしたこの運動が、最終的に異端的運動とみなされた大きな理由は、彼らの預言が偽りであった（実現しなかった）こともさることながら、何よりその教えの内容でした。「初代

フリュギアで崇拝され、古代ローマにも広まった密儀宗教のひとつ、「キュベレ教」の地母神キュベレ。モンタノスは、回心する前は、このキュベレ教の祭司だった（画像・ChrisOk on wikipedia）

(4) **モンタノス派**

紀元一五〇年代、小アジア西部のフリュギアでモンタノスの創始した運動が元になった異端。

創設者のモンタノスは、初期のキリスト教において見られたような聖霊の働きが自分に与えられたと言い、さらにキリストの再臨が近く、キリストが新しいエルサレムとともにフリュギアに降ることを主張した。

当初、異端というよりは単なる厳格派のグループと見られていたが、二世紀に行われた教会会議で異端と宣言された。

から代々伝えられてきた教会の言い伝えと慣習」、すなわち、新約聖書が伝える福音と矛盾していたからです。*50 同じ聖霊が矛盾したことを啓示するはずがないという確信と、〝信仰の基準〟と新約聖書との不可分な関係が、真偽を見極める鍵となったのです。

こうして、二世紀末から三世紀に活躍したオリゲネスの時代になると、「わたしたちには、それ〔使徒や新約聖書の著者たち〕ほどの霊の充満はない」とハッキリ認識されるようになりました。*51

オリゲネスは、このことを旧約聖書の正典と外典(5)についての議論の中で語っています。つまり、自分たちの時代は、もはや正典や外典を自由に使いこなすような「霊の充満」はないのだから、そうすることは危険である。言いかえれば、もはや新しい啓示を待つ必要はない。すなわち、旧新両約聖書と受け継がれてきた教会の信仰、これだけで私たちには十分かつ確実な神の救いの啓示が委ねられているという認識が生まれてきます。それでは、自分たちに委ねられた啓示の文書はどれかという正典結集への動きが、こうして加速していくのです。

後者の問題は次章で扱うことにして、ここではもう一つの問題、すなわ

(5) 外典（アポクリファ）

「第二正典」とも呼ばれる。外典は、ユダヤ文書の集まりであり、キリスト教会の一部によっては、権威あるものとして受け入れられてきた。

執筆年代は、だいたい紀元前三〇〇年から紀元七〇年の間で、物語、歴史書、知恵文学、礼典的材料、手紙、黙示録が含まれている。

七十人訳聖書（ヘブル語聖書のギリシア語訳）を読む一世紀のキリスト者たちには、なじみ深いものだった。

ち「委ねられたもの」をだれが守るのかという教会の権威の問題を見ることにしましょう。

②教会の権威の問題

新約聖書の時代に多様だった教会の働きの担い手たちは、二世紀に入ると次第に監督（単数）と長老や執事たちのような職制に整えられていきました（たとえば、第三章「イグナティオス」の項を参照）。

もちろん、教会の規模によっては、三つのみならず多くの職制を備えていた教会もあったようです。[*52] しかし、先の三つの職制が、古代教会では中心的な意味を持っていたことに変わりはありません。彼らはキリストのからだなる教会に仕えるべく立てられた、いわばキリストの代理者たちなのでした。

興味深いのは、そのような主の権威を帯びた役員たちが、信徒たち自身によって選ばれたという事実です。十二使徒の補充選挙[(6)]がくじ引きによってなされたこと（使徒の働き一章二六節）を別にして、初代教会で初めて使徒以外の働き人として七人が選ばれたときも、使徒たちが指名したのでは

(6) **十二使徒の補充選挙**
新約聖書の「使徒の働き」一章に登場する記述。イエスによって選出された十二人の中で、イエスを裏切ったユダが抜けた後、使徒は十一人だった。新たに十二番目の使徒を選ぶ際、使徒たちは昔ながらの「くじ引き」という方法をとった。
十二番目の使徒の候補は、イエスの地上における働きの間、イエスとともにいた者、また、復活のイエスを見た者に限定された。

なく「御霊と知恵に満ちた、評判の良い人たち」を信徒たち自身が選ぶようにと指示されたのでした（同六章三節）。
　同様に、『十二使徒の教訓（ディダケー）』では、「自分たちのために、温和で、金銭を愛さず、真実で、保証ずみの人々を、主にふさわしい監督および執事として選びなさい」と言われています。[*53]
　つまり、主イエスの教会に仕えるにふさわしいと信徒たちが判断した人々を選び、そうして選んだ人々を信徒たちが敬い、その指導に従うことで教会の一致が保たれたということです。[*54] 別な言い方をすれば、キリストの教会の職制は、世襲によって継承されるのでも、前任者が後継者を指名するのでもなく、キリストのからだなる教会全体に働く主の御霊の導きに基づくということです。
　これらの職務の中でも第一位を占める監督の役割は、何よりも教会の健全な信仰を守るための「正しい教え」を継承することでした。[*55] 後に、父なる神と子なる神は同質ではないとのアレイオスの主張を巡ってアレクサンドリアで起きた論争において、監督アタナシオスが一歩も譲らずにアレイオス主義の異端を退けた理由の一つが、アレイオスが「監督」ではない

（つまり、「正しい教え」を継承していない）ということでした。この一点からも、父・子・聖霊なる神についての正しい教えを継承するという、この職務の重要性がわかります。

主イエスの羊たちを狼から守りつつ豊かに養う責任がある牧者（監督）は、何よりも主イエスから委ねられた御言葉と教えを信徒たちにしっかり教えなければならないという、強烈な自覚をもっていたのです。次章で学ぶように、信徒たちが耳を傾けるべき新約聖書二十七巻を初めて「正典」として列挙したのがアタナシオスであったという事実には、そのような背景があります。*56

キリストの教会は、本質的には、キリストの御言葉の正しい教えによって立ちもし倒れもする共同体でした。したがって、キリストの教会における真の権威は、決して人間にではなく、ただ神の言葉と聖霊に（究極的には神ご自身に）あるということなのです。

アレクサンドリアのアタナシオス

③その後の問題

やがてキリスト教が公認されて、教会も聖職者たちも確固たる社会的地位を得るに至ると、「委ねられたもの」を守るための新たな問題が生じてきました。一つは、聖書と伝承との関係です。聖書とともに受け継がれてきた〝信仰の基準〟は、聖書理解に不可欠の枠組みを提供する大切な伝承でしたが、時代が下るにつれ、本当に使徒たちにさかのぼるのか定かではない、かなり怪しい伝承も現れてきました。

そこで、たとえばカイサリアの監督バシレイオス[7]（三三〇?～三七九年）は、単に伝承というだけでは十分でなく、聖書の証言・聖書の意図に沿うものでなければならないと述べています。[*57]

さらに五世紀になると、教会による聖書解釈の基準（正統の基準）は、①普遍的であり、②古くからのものであり、③広く合意されたもの、と明確に定義されるようになります。[*58] それは、実質的には、古代教会の公会議で合意された三位一体とキリストの二性一人格の教義を指しており、[*59] 以後キリスト教会は（プロテスタントを含め！）この枠組みの中で聖書を理解するようになるのです。

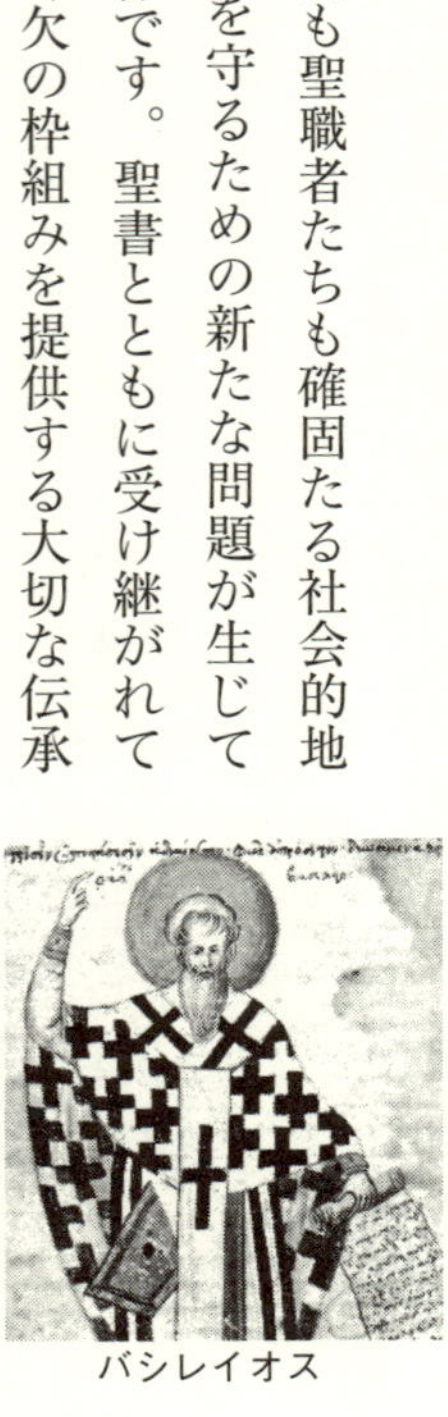
バシレイオス

(7) バシレイオス
四世紀のもっとも重要なキリスト教神学者。実弟のニュッサのグレゴリウスとともに、「カパドキアの三教父（三星）」の一人に数えられる。「大バシレイオス」と尊称される。
三位一体論の形成など異端反駁の一方、正教会で用いられる聖体礼儀の奉神礼文を整備したことでも知られる。

二つ目の問題は、各個教会を超える大きな問題が起こったときに、最終的にだれがどのように解決するかということです。主イエスの使徒たちが関わったとされる教会がたくさんある東方では、主だった教会の監督たちによる会議で問題の解決を図るという習慣が生まれました。

ところが、西方には使徒たちによって指導された教会がローマしかありませんでした。しかし、使徒たちの中でもペテロが首位を占めるとの主張*60や、ペテロとパウロという二大使徒の殉教地であったことによる権威づけ*61によって、西方の諸教会はもっぱらローマ教会の監督の意向に従うようになりました。こうしてローマ・カトリック教会の聖職位階制度(8)が強化され、東西教会はやがて分裂への道を歩むこととなります。

三つ目は、キリスト教の公認（三一三年）と国教化（三九二年）に伴う教会の世俗的権威と霊的権威との関係の問題です。キリスト教が公認化され国教となると、教会の聖職者たちの権威は即政治的権威ともなりました。他方で、このような教会の世俗化とは裏腹に、純粋な霊的権威を求める人々の動きが生ま

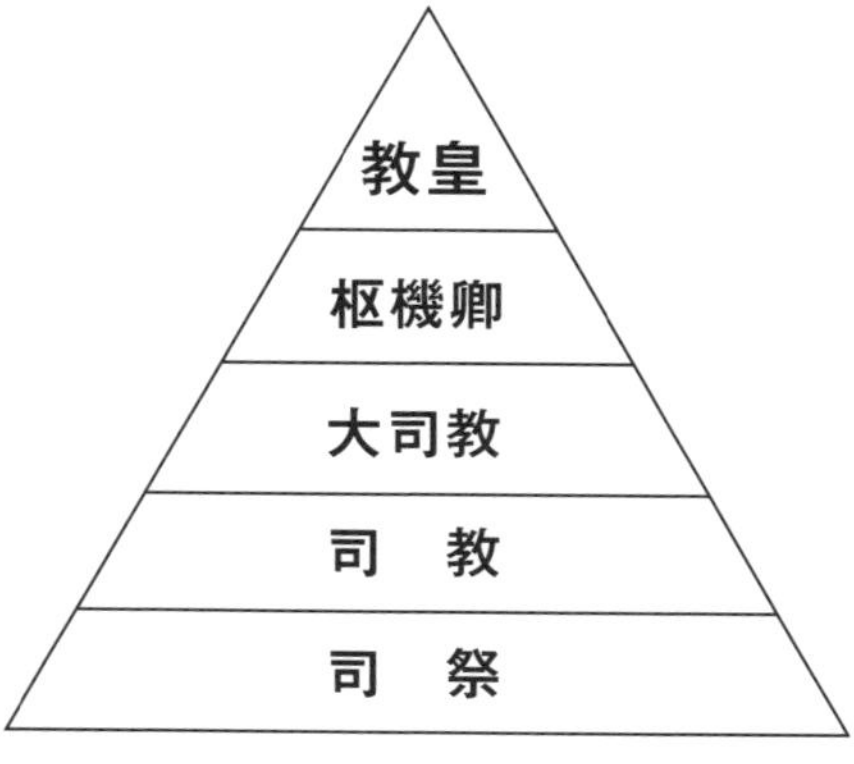

現在のカトリックのおおまかな聖職位階

(8) **聖職位階制度**
「ローマ教皇」または、「ローマ法王」とも言われる、ローマ＝カトリック教会の最高指導者を頂点とする位階に基づく制度。

れ、その運動はやがて修道制の成立に導かれます[*062]わけても、その指導にあたった修道士や修道女たち、また迫害下に信仰を守り抜いた人々などは、教会の組織（位階制）に依拠しない霊的権威を帯びるようになります。そこには老若男女の区別はありません。霊的により豊かな賜物が与えられているとみなされた人々が、より権威ある者とされたからです（これが聖人崇敬[9]につながります）。こうして、古代末期から中世にかけて、教会における権威構造はいよいよ複雑化していきました。

以上のように、巨大な権力機構へと移り変わっていく古代教会の制度から、私たち日本の教会が学ぶことは多くはないかもしれません。しかし、本来、キリストのからだなる教会の健全な成長に仕えるために選ばれたはずの奉仕者たちが、信徒たちの現実から切り離された聖職者集団となり、教会の組織が一つの権力機構となって当初の目的を見失うことは、いつの時代にも起こり得ることです。

教会政治のかたちとしては、監督制も長老制も会衆制もあり得ると、私は思います。しかし、大切なことは、そもそも教会の制度や役員が何のた

(9) 聖人崇敬
「聖人」とは、生存中にキリストの模範に忠実に従い、その教えを完全に実行、または殉教し、教会から正式に「聖人」の称号が与えられた人。
聖人は、天国の栄光の中にいて、全世界の人々がその聖人にとりなしを願い、崇敬するに値する人々とされている。

めに、そしてだれのためにあるのかという神学です。キリストの教会の役員も制度も、主の羊たちの養いのためにこそある、という基本を忘れてはなりません。

と東方教会

ローマ・カトリック教会やプロテスタント諸教会は西ヨーロッパを中心に広がり(西方教会)、キリスト教が生まれた中近東を中心に、ギリシア、東欧から、ロシアへ広がったのが東方教会

東方教会

- ギリシア正教・ロシア正教・東欧、地中海沿岸のアジア地方、北アフリカの教会など
- 【ニカイア・コンスタンティノポリス信条】
- ユリウス暦採用

ロシア正教・ウクライナ正教の八端十字

ギリシア正教のギリシア十字

西方教会

ローマ帝国下のキリスト教会は、地域によって五つの総司教区に分けられる。中心が西のローマ総司教区、東のコンスタンティノポリス総司教区、北アフリカのアレクサンドリア総司教区、聖地のエルサレム総司教区、アンティオキア総司教区。

【大分裂（シスマ）に至った経緯】

6 世紀の終わりごろからローマを中心とする西の教会が、381 年のニカイア・コンスタンティノポリス信条に「フィリオクェ（と御子より）」を付け加えるようになっていき、589 年にトレドで開かれた教会会議において、「フィリオクェ」を挿入することが正式に決定。

しかし、これに東の教会が激しく反発したことが一つのきっかけとなって、1054 年の東西教会大分裂（シスマ）の引き金となりました。以後、東方教会の伝統では「フィリオクェ」なしのギリシア語の信条が唱えられ、西方教会の伝統では「フィリオクェ」を加えたラテン語の信条が唱えられるようになりました。

西方教会

- **カトリック・プロテスタント・聖公会など**
- **【使徒信条、ニカイア・コンスタンティノポリス信条など】**
- **グレゴリオ暦採用**

ローマ・カトリック教会の十字架

聖霊は主であり
命の与え主～
御父と御子より
出られ～

ニカイア・コンスタンティノポリス信条の「御父から出られ」に「フィリオクェ（と御子より）」が加わった

カトリック教会
プロテスタント教会

※第 2 バチカン公会議（1962-65 年）以降、多様化。

五章　新約聖書正典の成立

新約「正典」形成のプロセス

新約聖書二十七巻が、どのようにして生み出され、またどのようにして「正典（規準）」とされたかには、じつにエキサイティングな、しかし複雑な歴史があります。

何よりもまず、しっかり心に留めたいことは、生まれたばかりの初代教会にとって〝神の言葉〟として権威をもっていた文書は、ただ旧約聖書だけだったということです。新約聖書に言及される「聖書」とは、基本的に旧約聖書のことです（ルカの福音書二四章四四節、テモテへの手紙第二、三章一六節）。初代キリスト教会は、この旧約聖書の御言葉によって礼拝し、教育し、伝道したのでした。

したがって、新約諸文書が旧約同様に正典としてみなされるようになるのは、それらが旧約と同じ神による啓示であるとの確信によります。そして、その新しい啓示の中心こそ、神の御子イエス・キリストなのでした（ヘブル人への手紙一章一～二節）。

やがて、このイエス・キリストによって実現した神との関係を「新しい契約」（コリント人への手紙第一一一章二五節、コリント人への手紙第二、三章六節）と呼ぶようになったために、「旧い契約書」という呼び方が生まれ、[*63] 教会は礼拝の中で旧約聖書と並んで〝神の言葉〟としての新約文書を朗読するようになるのです。[*64]

①新約諸文書の収集

さて、御子イエス・キリストが神の新しい啓示であれば、何より主イエスのお働きやおことばを伝える何

聖書には異なる種類の文書（歴史、律法、詩など）が含まれ、1500年以上もの期間かけて書かれた。旧約聖書は39の文書、新約聖書は27の文書からなる

らかの口伝や語録集が最初の核を作ったであろうことは十分想像できます。ところが、文書としての「福音書」が生み出されるには、もう少し時間がかかりました。

むしろ、このキリストによる救いの出来事の意味を霊によってさまざまに説き明かしたパウロの書簡が（教会に宛てたものであれ、個人に宛てたものであれ）、かなり早い段階から神の言葉として受け止められ（新約聖書・テサロニケ人への手紙第一、二章一三節）、諸教会で読まれ（テサロニケ人への手紙第二、二章一五節）、集められていったようです（ペテロの手紙第二、三章一五～一六節）。いわゆる『ムラトリ正典目録』（二／四世紀？）では、パウロの書簡をローマ・コリント・ガラテヤ・エペソ・ピリピ・コロサイ・テサロニケの「七つの教会」宛ての書簡プラス個人書簡としてリストアップしています。

他方、主イエスの物語もまた早い時期から多くの人が書き著そうと試みたようですが（ルカの福音書一章二節）、結果として残ったのは、四つの福音書だけでした。しかし、なぜ四つも必要なのかと、何とか一つにしようとした人もいました。タティアノスは『ディアテッサロン（合併福音

1620年頃に描かれたパウロの絵

書）』[*65]という書を著し、マタイ・マルコ・ルカ・ヨハネの記事を切り貼りして時間的に調和させようと試みましたが、（一度自分でチャレンジしてみるとよくわかりますが）結局うまくいきませんでした。

やがて、リヨンの監督エイレナイオスが、東西南北四つの地域にあまねく蒔かれる福音のためには四つの福音書が必要なのだと訴え、獅子・牛・鷲・人間という四つの顔を持つケルビム（エゼキエル書一章一〇節参照）になぞらえて、四福音書による啓示の豊かさを積極的に論じると、[*66]もはやそれを減らそうとする試みはやみ、四つの福音書で定着することになりました（「ルカの福音書」の正典化と同時に「使徒の働き」も）。

さらに、主イエスの使徒でありキリスト教会の「おもだっ

【左上】人間（マタイ）はイエスの真の人間性を、【右上】獅子（マルコ）はイエスの強さと王権を、【左下】牛（ルカ）は全人類のための犠牲、人類の重荷の担い手としてのイエスを、【右下】鷲（ヨハネ）はイエスの真上にとどまり続ける神の霊を表している。

た人たち」（ガラテヤ人への手紙二章六節）と言われたヤコブ・ペテロ・ヨハネたち使徒の名を持つ「七つ」の公同書簡がこれに加わります。*67「ヘブル人への手紙」は著者問題、「ヨハネの黙示録」は内容の特異性等の理由で各々決定が遅れましたが、最終的には加えられました。

こうして、二十七の新約文書すべてが（旧約聖書とともに）初めて「正典」として言及されたのは、三六七年、アレクサンドリアの監督アタナシオスによって記された信徒宛ての書簡（『復活祭書簡』三九）においてでした。二十七の文書を列挙した後で、アタナシオスは次のように述べています。

これらのものが救いの泉である。〔神の〕御言葉に渇く者はこれらの〔書物〕で満たされるであろう。これらの〔書物〕の内にのみ、敬神の教えが福音として宣べられている。何人もこれらに加えてはならない。*68

四世紀末に開かれた教会会議(1)（三八二年のローマ教会会議や三九七年の第三カルタゴ会議）でもこれらが正典とみなされ、以後確定されました。

(1) **教会会議**
全世界的な「公会議」に対し、地域的な聖職者の集まりのことを指す。「教会会議」という言葉は、元は「司教（主教）の会議」を意味しており、現在でもカトリック教会と正教会では、その意味で用いられる。

②正典結集遅延の要因

新約正典結集の大まかな歴史は以上のとおりですが、なぜこんなにも時間がかかったのでしょうか。いくつかの理由が考えられます。

第一に、主イエスの使徒たちが存命中は、使徒たちが生み出した文書を大切にはしても、それらを収集保存する必要を感じなかったからです。先生から直接教えを受けられる間は、著作集を編む必要がないのと同じです。先生の声で教えを受けられなくなって初めて、教えをまとめる必要が生じるというわけです。

第二に、第四章の「啓示の完結性の問題」（一五五頁以下）で学んだように、聖霊による啓示活動が終わったという認識に至るまで時間がかかったからです。さらに状況を複雑にさせたのが、著者名を偽る多くの偽書[2]の存在です。偽書は必ずしも悪い動機によって作られたものばかりではありませんが、使徒たちの名前が冠せられていたために、それが本物かどうかを見極めるのに時間がかかりました。

第三に、たとい最終的に正典とされた文書でも、最後まで疑念が残った（「ヘブル人への手紙」や「ヨハネの黙示録」のような）文書の場合、その

(2) **偽書（偽典）**
「偽典」を指すギリシア語の ψευδεπίγραφα は、「偽りの著者名」という意味。古代教会においては、本来の「著者名を偽った書物」という意味から「内容も不確かな書物」へと語義の解釈を拡大していったため、偽典には「異端」という否定的な意味合いが強く含まれていた。

内容が他の新約文書の内容（福音）と調和するかどうかが問われたためです。後述するように、しかるべき立場の人々が一致して受け入れるまでに時間がかかりました。

最後に、製本という技術的な問題を加えることができるでしょう。出し入れ自由で散逸しやすいバラバラの紙片の束や巻物という形から、頁を重ね合わせて背中を綴じるコーデックス(3)という技術の進歩とともに、書物としての正典は急速に固定化していったことでしょう。

正典結集の原理

しかし、いったいなぜ、これら二十七の文書だけが「正典」とされたのでしょうか。別に言えば、なぜ他の文書は入れられなかったのでしょうか。それには、いくつかの基準があったと思われます。

4世紀頃に書かれたシナイ写本。シナイ山のふもとの聖カタリナ修道院で19世紀に発見されたもの。シナイ写本が冊子の形（コーデックス）であることがわかる。「バチカン写本」（4世紀、次頁上写真）、「アレクサンドリア写本」（5世紀前半、次頁下写真）とともに、「三大ギリシア語聖書」とされ、現存する世界最古の聖書一つである（画像・Codex sinaticus, HP）

(3) **コーデックス**
旧約聖書は、パピルスや羊皮紙を貼り合わせた巻物に手書きで書き写さ第一は、使徒性です。主イエスが新しい啓示の源であれば、その主から直接間接に教えを受け継いだ人々が書いたものであるかどうか、これが第一の基準であることは当然です。ただし、この場合の「使徒」とは十二弟子に限りません。初代教会の礎を築いた（たとえば、パウロやルカのような）人々と言いかえることができるでしょう。

第二は、公同性です。元々個人的な目的で書かれた文書（テモテやテト

れ、シナゴーグに保管されていた。その後、初期の本の形である、ページを折って片側をしっかり固定した「コーデックス」の形が取って代わるようになる。

バチカン写本（4世紀）。「テサロニケ人への手紙第２」と「ヘブル人への手紙」が記されている

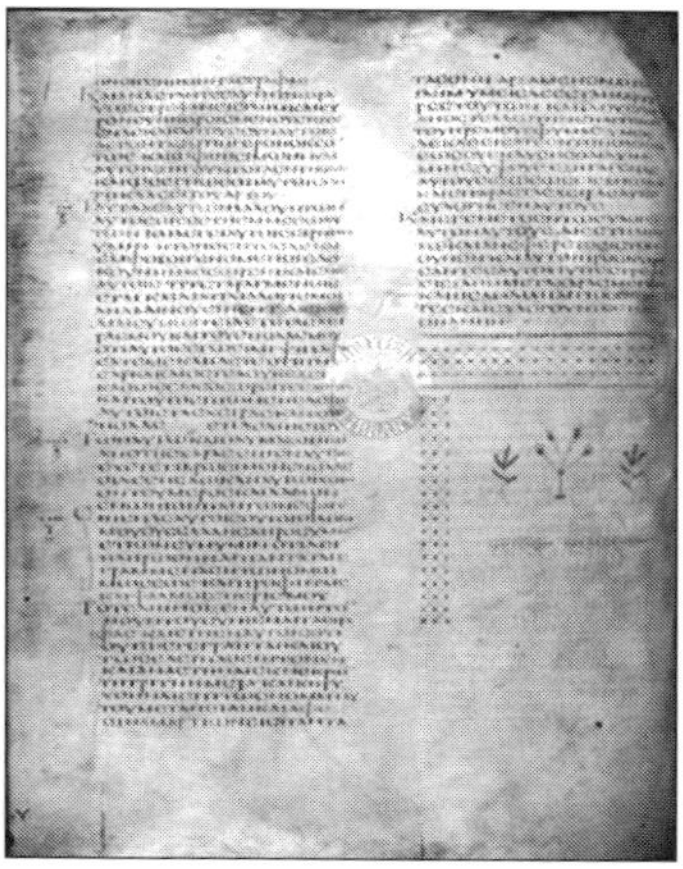

アレクサンドリア写本（5世紀前半）。「ルカの福音書」の最後の部分が記されている

スなどの牧会書簡やテオフィロに宛てたルカ文書など）であったとしても、それらが広く諸教会で読まれ受け入れられているかどうかということ。とりわけ、アンティオキアやアレクサンドリアやローマなどの主要教会が用いているかどうかが基準となりました。後の教会会議による決定も、同じ目的です。

第三に、内容の正統性です。つまり、使徒的宣教の教えに沿った内容かどうかということです。とりわけ、著者が疑わしい書物の場合は、内容で判断するしかありません。その際に〝信仰の基準〟を受け継いできた監督や指導的神学者たちが支持するかどうかが重要視されました。信条（Credo）と教会制度（Ordo）の確立が正典（Canon）決定の重要な要素だといわれるのは、そのためです。こうして、ニカイア信条が告白され、教会制度が確立した頃に、正典もまた確立したという事実は、決して無関係ではないのです。

最後にもう一つ、正典決定の重要な基準と考えられるのは、霊的有用性ということです。すなわち、先（一七二頁）に引用したアタナシオスの言葉のように、これらの文書を通して、神の言葉に飢え渇く者たちが「救い

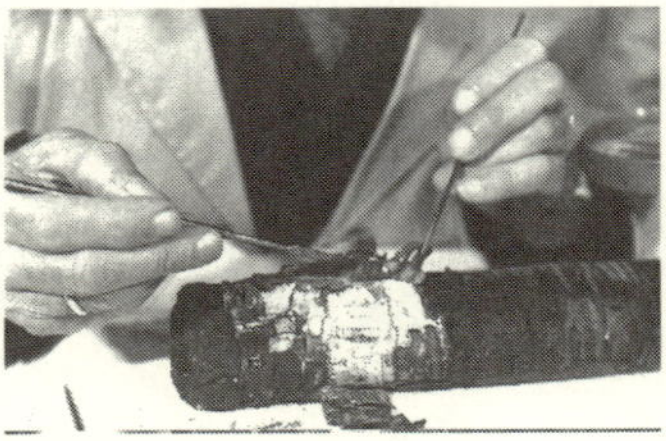

最古のヘブル語聖書の写本を含む「死海写本」の復元作業（Copyright © 2019 National Photo Collection）

の泉」にあずかることができるかどうか、主イエス・キリストに現された福音による「敬神の教え」を正しく豊かに受けることができるかどうか、そのような文書として古くから広く教会が守ってきた書物であるかどうか、それが決め手となりました。

印刷術(4)が発明されるまで、すべての書物は手で書き写されて保存されました。広く読まれるに値しない書物、後代に残すに値しない書物をわざわざ書き残すことはしません。まして迫害の時代に、命がけで守るべき書物はどれなのか、教会は問われたに違いないのです。

(4) **印刷術**

一五世紀に、ドイツのクーデンベルクが、初めて活版による印刷を始める。それまでヨーロッパでの本の生産は、手書きでの「書き写し」か木版印刷であり、活版印刷はヨーロッパでの本生産に一大変革を起こした。

左の画は、一六世紀ごろに描かれた、当時の印刷所の様子。一時間に二百四十冊印刷することができた。

聖霊と聖書と教会と

こうして、いわば主イエスの霊の導きで生み出された文書群を、しっかりと受け止める（羊飼いの声を聞き分ける！）信仰を与えたのも聖霊の働きでありました。聖書を生み出した聖霊は、その聖書が守られ、教会の手に確かに届けられ、救いの言葉となるように導いたお方でもあるということです。新約正典の成立は、究極的には、

この聖霊の働きに帰されるべきでありましょう。
生ける神に対する生きた信仰の応答を求めるキリスト教は、決して「文字」の中に命を探し求める宗教ではありません（ヨハネの福音書五章三九節）。「文字」を通して語られる「霊」のキリスト、復活の主を信じる宗教です（コリント人への手紙第二、三章一七節）。

このことは、たとえば、聖書の翻訳一つをとってもわかることです。使徒たちはヘブル語旧約聖書と、ギリシア語訳旧約聖書双方を自由に用いました。古代教会は、さらに（ラテン語やシリア語など）いくつもの翻訳聖書を生み出していきました（章末コラム「聖書の古代語訳」を参照）。すべてはキリストの〝福音〟を伝えるためです。キリスト教は翻訳聖書によって形成されてきた宗教です。決して原典主義ではないことを肝に命じたいと思います。

また、初期キリスト教会には、文書としての基準が六十六巻揃っていたわけではありませんが、父・子・聖霊による救いを証しする伝承としての〝信仰の基準〟がありました。古代教会は、「聖書」という書物をまさにこの基準が示すような三位一体の神の業を証しする文書群と受けとめ、それらを用いて礼拝・教育・福音宣教に励んだのでした。その意味で、聖書は本来、教会の信仰と実践なくして理解し得ない書物なのです。

旧新約聖書六十六巻が信仰と生活の誤りなき基準であるとの〝聖書信仰〟と、原典に対する熱心かつ真摯な釈義研究は、今日、全くもって正しい姿勢であろうと思います。

しかしながら、他方において、私たちは最初期の、聖書全巻を持っていたわけではない時代の教会の姿からもよくよく学ぶべきだと思います。なぜ何のために、新約聖書は集められ守られてきたのか、どのように聖書は読み用いなければならないのかを、古代教会の営みはじつにダイナミックに示してくれるからです。

宗教改革者たちは、そのような神への生き生きとした信仰と聖書と教会のダイナミックな関係を失って形骸化した教会の姿を、リフォームしようとした人々です。もう一度、教会の在り方と信仰を、初期キリスト教の原点に戻そうとしたのです。まして古代教会と同様に歴史の浅い日本の教会は、彼らがたどった歩みから多くを学ぶことができるでしょう。

聖書の古代語訳

主として離散ユダヤ人のために紀元前三～一世紀にアレクサンドリアで完成したと思われる「七十人訳」聖書は、異邦人世界への福音の伝播とともに、キリスト教徒によって広く用いられ、特に古代教父たちによって「キリスト教旧約聖書」とされた。

そのため、ユダヤ教徒たち（アクィラ、シュンマコス、テオドティオンなど）は独自のギリシア語訳を作成したが、これらもまたユダヤ教・キリスト教を問わず、必要に応じて用いられた。

他方、ヘブル語が理解できないパレスチナ・ユダヤ人たちのためには、古くから日常言語のアラム語に訳された部分的な翻訳（タルグム＝翻訳の意）が存在していた。

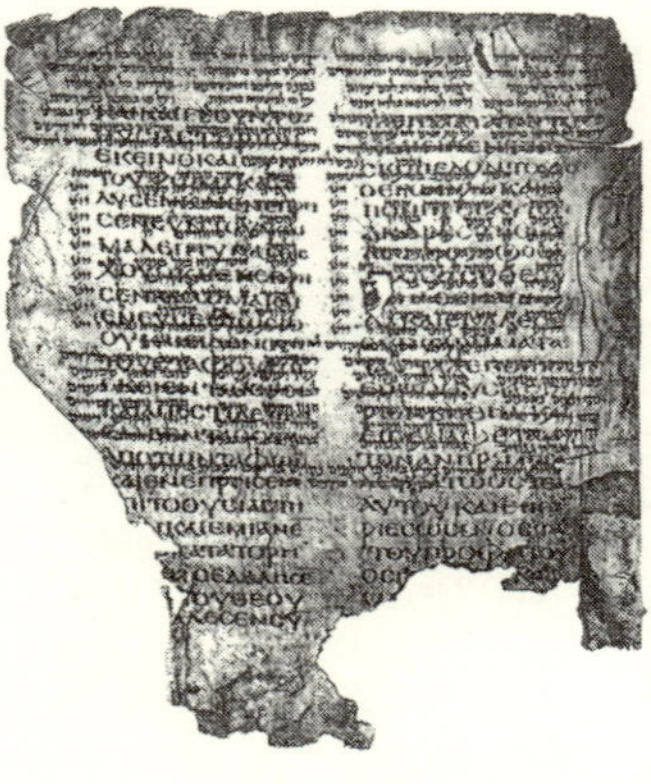

アクィラ訳聖書の一部

またアラム語の一方言であったシリア語訳（ペシッタ＝単純の意）もおそらく二世紀までには作られた。後者には、後に、タティアノスのシリア語「合併福音書」を始めとする新約聖書のシリア語訳が付け加えられた。

ローマ帝国内でも特にラテン語が中心言語であった北アフリカでは、早くからギリシア語聖書（部分）のラテン語訳（古ラテン語訳）が多数作られていたようである。しかし、ヒエロニムスが原語から聖書全体の翻訳を完成させると、これが「ウルガタ（普及版）」聖書として用いられることになった。それゆえ、西方では（四世紀のゴート語訳を除いて）その他の言語への翻訳はなされなかった。

他方、東方教会では、旧新約聖書ともに各地現地語への翻訳が行われ、四～五世紀以降、エジプトのコプト（サヒド）語、アルメニア語、グルジア語、エチオピア語などの翻訳聖書が作られた。しかし、これら諸訳の成立過程は不明な点が多く、また収録されている文書の中身も必ずしも同じではない。

聖書の古代語訳は、訳文の正確さよりも、何より教会での礼拝や教育・伝道に資するものとして作られたことに心を留めたい。

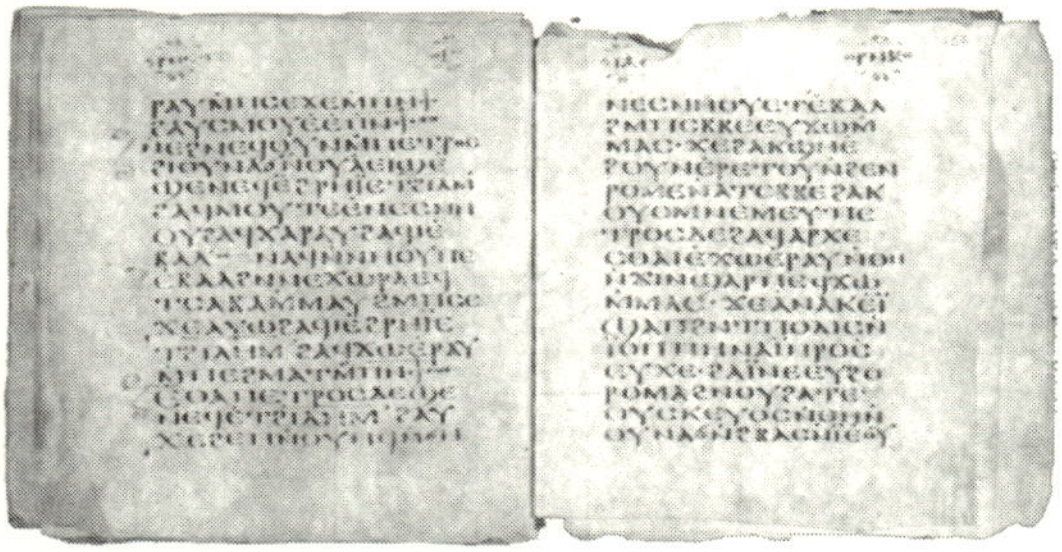

新約聖書が翻訳された最初期の言語のひとつである、コプト語訳聖書の「使徒の働き」の一部（３世紀ごろ）

終章　天のキリストを見つめて

カタコンベに描かれたイエスの絵。顔の左右にある「A」（アルファ）と「ω」（オメガ）は、「初めであり、終わりである」ことを表す（ヨハネの黙示録22章13節）

二世紀の『ディオグネートスへの手紙』という文書には、当時のキリスト者たちの姿が次のように描かれています。

「キリスト者は、地域によっても言語によっても習慣によっても他の人々から区別できない。彼らはどこか自分たちに固有の町に住んでいたりはしないし、何か（他とは）ちがう言葉を用いてもいないし、特別な生活を営んでもいない。……着物の点でも、食物の点でも、それ以外の生活様式の点でも、その土地の習慣に従ってはいるが、しかし驚くべき、そして全くのところ奇妙な性格の生き方を示している。彼らは自分自身の母国に住んでいるが、しかしそれは寄留者のようにである。

市民のようにすべてのことにあずかるが、しかし外国人のようにすべてを耐え忍んでいる。異郷はすべて彼らの故郷であり、故郷はすべて異郷である。[*69]」

これが、古代教会の人々の在り方です。彼らのまっすぐな澄んだ眼差しを感じます。天におられるキリストをまっすぐに見つめる目です。

ローマ帝国という強大な国家権力の前にあまりにも無力なキリスト者たちは、しかし、いささかもひるむことなく、また失望もせず、むしろ〝小さな群れ〟として生きることを喜びとしました（ルカの福音書一二章三二節）。天にいます彼らの王こそ「すべての支配、権威、権力、主権」をはるかに超える方だったからです（エペソ人への手紙一章二一節）。人種であれ、社会的身分であれ、あらゆる壁を超えていく信仰。燃えるような伝道への情熱。小さな者や弱い人々に絶えず注がれる無私の愛。そして、主のために死をも恐れずに働く彼らの行動力と勇気。教会が大きいとか小さいとか、お金があるとかないとか、若者がいるとかいないとか、そういうことで一喜一憂しない、肝っ玉の据わった彼らの生き様に惹かれます。

一見複雑に見える古代教会の諸相は、実はきわめてシンプルな糸で結ばれているように思われます。その糸とは、イエス・キリストの福音です。神が私たち人類に与えてくださった驚くべき喜び（福音）を生き、この喜びを証しし、この喜びを中心に教会のすべての営みがなされること。そして、この喜びが変質しないように守り続けること。ここに、これからの日本の教会が目指すべき姿のヒントがあるように思うのです。

同じように異教社会のただ中を生き、人間中心主義や世俗主義、そして国家という大きな力の中で翻弄されながらも、地道にその地歩を築いていった古代教会の営みは、私たち日本の教会の最高のモデルではないか。本書を通してお伝えしたかったのは、そのことです。

「伝道」も「礼拝」も「信仰告白」も「制度」も「聖書」も互いに深く関係していること、すべてが有機的につながっているということが、古代教会ではとてもよく見えます。それはちょうど、小さな（特に地方の）教会で全体がよく見渡せるのと似ています。数々の困難や問題の中で、古代教会がどのように考え、それを乗り越えていったか。いかに豊かな信仰を育み、それを証ししたか。私たちは、そこに表された聖霊の導きと知恵を学びたいと思います。これが私たちの〝キリスト教のはじまり〟の姿だからです。

キリストの教会の歴史は、聖霊の働きの歴史にほかなりません。もちろん、教会の歴史は人間の罪の歴史でもあります。古代教会にも多くの過ちや失敗がありました。それにもかかわらず、試行錯誤の連続の中で、教会は聖霊に導かれつつ建て上げられていったのです。過ちは、繰り返す必要はありません。私たちは、古代教会に始まる教会の歴史を学ぶことを通して、〝それでは今日、何が私たちの教会にとって最善なのか〟を問われているのではないでしょうか。

最後に、古代教会が今日の私たちにとって重要である理由をもう一つだけ加えるとすれば、それは教会が一つであったということです。キリスト教史上、教会が一つであったのは、この時代だけです。多様な礼拝、多様な神学や制度を持ちながら、彼らは一つの信仰告白によって、ただ一人の主に結ばれていたのでした。暗雲たちこめるこの国と、悲しみの絶えない世界のただ中で、キリストの教会が同じ主を仰ぎ見つつ、共に一つの喜びの中に、心と力を合わせて労することができたなら、どんなにかすばらしいことでしょう。

二一世紀を生きている私たちが、時空を超えて、古代教会の聖徒たちとつながっていること、そして今日も同じ信仰をもって同じ主を見上げていることの不思議と喜びを覚えます。昨日も今日も、永遠に変わらない方に、力と栄光とが世々限りなくありますように！

注

1　プリニウス『書翰集』X九六・九。邦訳は、ヘンリー・ベッテンソン編『キリスト教文書資料集』いのちのことば社、二二三〜二二五頁。
2　オリゲネス『ケルソス駁論』二・三〇。邦訳は、『キリスト教教父著作集』八・九巻、出村みや子訳、教文館。
3　邦訳は、秦剛平訳『七十人訳ギリシア語聖書』として刊行中（河出書房新社、青土社）。
4　邦訳は、『聖ヒッポリュトスの使徒伝承――B・ボットの批判版による初訳』土屋吉正訳、オリエンス宗教研究所、一九八七年。
5　Adolf Harnack, *The Mission and Expansion of Christianity in the First Three Centuries* (Harper & Brothers, New York, 1961), 512.
6　『異端反駁』Ⅲ二五・七。邦訳は、『キリスト教教父著作集』二・三巻、大貫隆訳、教文館。
7　『護教論』三二・一。邦訳は、『キリスト教教父著作集』一四巻、鈴木一郎訳、教文館。
8　『ギリシア人への勧告』X九五・一。邦訳は、http://web.kyoto-inet.or.jp/people/tiakio/urchristentum/protreptikos02.html より。
9　ユスティヌス『第二弁明』二。邦訳は、『キリスト教教父著作集』一巻、柴田有・三小田敏雄訳、教文館。
10　オリゲネス『ケルソス駁論』Ⅲ五五。邦訳は、『キリスト教教父著作集』八・九巻、出村みや子訳、教文館。

11　アテナゴラス『キリスト教徒のための請願書』一一。邦訳は、『キリスト教教父著作集』一二巻、井谷嘉男訳、教文館。

12　タティアノス『ギリシア人への説話』二九。

13　プリニウス『書翰集』X九六参照。注一。

14　『殉教者列伝』参照。邦訳は、『キリスト教教父著作集』二二巻、土岐正策・土岐健治訳、教文館。

15　『護教論』五〇。邦訳は、『キリスト教教父著作集』一四巻。

16　たとえば、オリゲネス『ケルソス駁論』一・九。

17　オリゲネス『ケルソス駁論』一・六八。

18　Harnack, *Mission and Expansion*, 513.

19　Harnack, *Mission and Expansion*, 513.

20　『ケルソス駁論』一46。邦訳は、『キリスト教教父著作集』八巻。

21　『ディオグネートスへの手紙』七。邦訳は、荒井献編『使徒教父文書』（講談社文芸文庫）所収。

22　邦訳は、荒井献編『使徒教父文書』（講談社文芸文庫）所収。

23　ユスティノス『第一弁明』六七。邦訳は、『キリスト教教父著作集』一巻、所収。

24　エウセビオス『教会史』Ⅴ二三〜二五参照。邦訳は、秦剛平訳、講談社学術文庫、二〇一〇年。

25　『異端反駁』Ⅳ一七・五、一八・四〜五。邦訳は、『キリスト教教父著作集』三巻。

26 注4。
27 『告白』Ⅸ一二・三二。
28 ルフィヌス『使徒たちの信条の説明』二。邦訳は、小高毅編『原典古代キリスト教思想史』三（ラテン教父）教文館、二〇〇一年、所収。
29 ヒッポリュトス『使徒伝承』二一。注4。
30 日本キリスト教団『讃美歌』所収。
31 『告白』Ⅷ二・五。邦訳は、服部英次郎訳、岩波文庫。
32 私訳。
33 以下、引用する邦訳は、荒井献編『使徒教父文書』（講談社文芸文庫）による。
34 フィラデルフィア教会への手紙四。
35 エフェソ教会への手紙〔以下、エフェソ〕四・一。
36 ローマ教会への手紙四。
37 エフェソ一五・二。
38 マグネシア教会への手紙八・二。
39 エフェソ一九・一。
40 『対話』八。邦訳は、『キリスト教教父著作集』一巻、所収。
41 『教会史』Ⅵ二・二。邦訳は、秦剛平訳。
42 たとえば『ヨハネ注解』一・九。邦訳は、小高毅編『原典古代キリスト教思想史』一（初期キリスト教思想家）所収。
43 『祈りについて』一二・二。邦訳は、小高毅訳『祈りについて・殉教の勧め』キリスト教古典叢書、創文社、一九八五年。
44 アタナシオスの霊性については、神戸改革派神学校発行『改革派神学』二九号（二〇〇二年）所収の拙論「アタナシオスの霊性〜〝受肉〟のリアリティーへの招き」を参照。
45 『ドラコンティウスへの手紙』二。
46 『復活祭書簡』三九・三。
47 『言の受肉』五七。邦訳は、『中世思想原典集成』二（盛期ギリシャ教父）上智大学中世思想研究所、平凡社、所収。
48 邦訳は、『中世思想原典集成』一（初期ギリシア教父）上智大学中世思想研究所、平凡社、所収。
49 一一・四〜一〇。荒井献編『使徒教父文書』（講談社文芸文庫）所収。
50 エウセビオス『教会史』Ｖ一六・三、七。邦訳は、秦剛平訳より。
51 『雅歌講話』序。邦訳は、小高毅編『原典古代キリスト教思想史』一（初期キリスト教思想家）所収。
52 たとえばローマ教会では、これら三つの他にも五つか六つの職制があった。エウセビオス『教会史』Ⅵ四三・一一。
53 一五・一〜二。邦訳は、荒井献編『使徒教父文書』（講談社文芸文庫）所収。
54 第三章の「イグナティオス」の項を参照。

55　エウセビオス『教会史』Ⅳ二一～二二。
56　第三章の「アタナシオス」の項を参照。
57　『聖霊論』七・一六。二七・六六も参照。邦訳は、『聖大バシレイオスの「聖霊論」』山村敬訳、南窓社、一九九六年。
58　レランスのウィンケンティウス『備忘録』一・二。邦訳は、小高毅編『原典古代キリスト教思想史』三（ラテン教父）教文館、二〇〇一年、所収。
59　グレゴリウス一世『書簡』一・二四。邦訳は、小高毅編『原典古代キリスト教思想史』三（ラテン教父）教文館、二〇〇一年、所収。
60　キプリアヌス『教会一致論』四～六。邦訳は、小高毅編『原典古代キリスト教思想史』三（ラテン教父）教文館、二〇〇一年、所収。
61　ダマスス『教令』三。邦訳は、小高毅編『原典古代キリスト教思想史』三（ラテン教父）教文館、二〇〇一年、所収。
62　第三章の「アタナシオス」の項を参照。
63　メリトン『断片』三・一三～一四。邦訳は、小高毅編『原典古代キリスト教思想史』一（初期キリスト教思想家）所収。
64　ユスティノス『第一弁明』六七（注23の引用）。
65　邦訳は、小高毅編『原典古代キリスト教思想史』一（初期キリスト教思想家）所収。
66　『異端反駁』Ⅲ一一・八。邦訳は、『キリスト教教父著作集』二・三巻、教文館。
67　エウセビオス『教会史』Ⅱ二三・二五。

68　邦訳は、小高毅編『原典古代キリスト教思想史』一（初期キリスト教思想家）所収。

69　五・一～五。邦訳は、荒井献編『使徒教父文書』（講談社文芸文庫）所収。

脚注や図版のための参考文献

フラウィウス・ヨセフス『ユダヤ戦記』Ⅰ〜Ⅲ、秦剛平訳、筑摩書房、二〇〇二年
荒井献編『使徒教父文書』講談社文芸文庫、一九九八年
『エウセビオス「教会史」』上・下、秦剛平訳、講談社学術文庫、二〇一〇年
『ユダヤ古典叢書　ミシュナⅡ』長窪専三・石川耕一郎訳、教文館、二〇〇五年
E・シューラー『イエス・キリスト時代のユダヤ民族史』Ⅰ〜Ⅴ、教文館、二〇一二年、二〇一四年、二〇一五年、二〇一七年
『キリスト教人名辞典』編集委員会編『キリスト教人名辞典』日本キリスト教教団出版局、一九八六年
ロドニー・スターク『キリスト教とローマ帝国——小さなメシア運動が帝国に広がった理由』穐田信子訳、新教出版社、二〇一四年
ヘンリー・ベッテンソン編『キリスト教文書資料集』いのちのことば社リパブックス、二〇〇〇年
『新聖書辞典〈新装版〉』いのちのことば社、二〇一四年
『カラー新聖書ガイドブック』いのちのことば社、二〇一〇年
マイク・ボーモント『バイブル・ガイド——目で見てわかる聖書』いのちのことば社、二〇一四年
ヒュー・P・ケンプ著、大和昌平監修『聖書の宗教ガイドブック——「神」を求めた人類の

記録』いのちのことば社、二〇一五年

ティム・ダウリー『基本がわかる　ビジュアル聖書ガイド』いのちのことば社、二〇一五年

ニック・ペイジ『バイブル・ワールド――地図でめぐる聖書』いのちのことば社、二〇一六年

『ディボーショナル聖書注解』いのちのことば社、二〇一四年

あとがき

本書は、二〇一八年六月から一二月まで半年にわたり「クリスチャン新聞」に連載された「古代教会に学ぶ異教社会のキリスト教」を元に、多くの図版や脚注を挿入し、コラムを書き加えて、装いも新たに出版したものです。

連載を終了した時点で出版の話がありましたが、「歴史の本はやっぱり図版がたくさんあったほうが楽しいし、脚注などもあったほうが便利。どうせなら学習参考書のような形にしたら面白いかも……」と申し上げたところ、早速、担当の米本円香さんから自社の事典やガイドブックからの豊富な図版や脚注を付した試作品が届きました。これには驚きました。このような経緯で生まれた本書は（最終的な責任は私にありますが）、まさに私と出版部の米本さんとの〝コラボ〟作品なのです。

本書の内容そのものは、直接的には、神戸改革派神学校における古代教会史の講義、そして特に第一部は、二〇一五年に行われた日本キリスト改革派教会四国中会での役員研修会における講演「古代教会に学ぶ伝道スピリット」がベースになっています。

二〇一七年の宗教改革五〇〇周年の記念の年に行われた日本福音主義神学会全国研究会議（於・お茶の水クリスチャン・センター）で座談会に参加させていただいた折に、「日本の教会はもっと古代教会から学んだほうがよい」と申し上げたところ、それに興味を持たれた米本さんが上述の講演録をお読みになり、連載の運びとなった次第です。

宗教改革の記念集会から古代教会史の本が生まれるとは、思ってもみませんでした。が、それはある意味で極めて相応しいことだったのかもしれません。本書にも記したとおり、宗教改革は古代教会をモデルとした運動でもあったからです。

＊　＊

神学校のカリキュラムにおいて教会史の授業は「歴史神学」という分野に分類されます。しかし、この「歴史神学」とはいったい何なのかということを、私は教える者として考え続けています。それは、単に人物や出来事を覚える歴史の授業とは違うはずです。「神学」という言葉が付く以上、そこから私たちは「神」について学ばねばならないからです。教会の歴史を通して、神のなさった御業、そこに示された神の御心を学び取るということです。

もちろん、教会の歴史そのものが神の啓示とイコールではありません。しかし、ちょうどイスラエルの歴史や初代教会の歴史を通して現された神の御心に私たちが学ぶように、その後の教会の歴史を通しても歴史を導く神の恵みの軌跡を見て取ることができるでしょう。それらを注意深く学ぶことによって、聖書が教える信仰者や教会のあるべき姿をより具体的な歴史的文脈の中で考え直す。それが「歴史神学」に託された使命ではないかと思うのです。

本書は「キリスト教のはじまり」についての入門的な書物です。その一つ一つの主題がじつに奥深い研究領域になっています。関心を持たれた方は、どうぞより専門的な学びに進んでくださいますように。しかし、同時に、歴史を細分化せずに、全体として、その有機的な繋がりを理解することもまた大切なことです。どのような分野に関わる方であっても、古代教会が直面して取り組んだ課題は、日本の教会がこれからも何度となく問われるであろう課題だと思うからです。どうぞ各人がその思索を深めていただきたいと願います。

本書の出版のために多くの時間を割いてお付き合いくださった「いのちのことば社」

出版部の皆様、とりわけ米本円香さんに感謝を申し上げます。
そして、神学校における私の拙い講義に熱心かつ忍耐強く耳を傾けてくださり今は各地の教会で労しているすべての卒業生と、この国で福音のために奮闘しているすべての方々に、本書を私からの応援歌《エール》としてささげたいと思います。

二〇一九年　秋

吉田　隆

300BC　20BC　0　20

年代	出来事
BC三〇〇－BC二五〇	ヘブル語聖書をギリシア語に翻訳（七十人訳聖書）
BC二七	♛初代ローマ皇帝アウグストゥス（在位BC二七～AD一四）
BC二〇	♣**哲学者アレクサンドリアのフィロン（BC二〇?～AD五〇?）**
BC五－六	イエス・キリスト誕生
AD一四	♛ティベリウス（在位一四～三七）
二六頃	イエス、バプテスマを受ける（公生涯の始まり）
三〇頃	イエスの死と復活
三〇年代前半	パウロの回心
三五	♣**ギリシア教父イグナティオス（三五～一〇七）**
三七	♛カリグラ（在位三七～四一）

ヘロデ・アンティパスは追放！　代わりに我が友ヘロデ・アグリッパを王にする
by カリグラ

日本
弥生時代

300BC　20BC　0　20

40　60

初代教会

三七　♣歴史家ヨセフス（三七～一〇〇頃）

四一　♛クラウディウス（在位四一～五四）

四六ー四八　パウロの第一次伝道旅行

四九ー五〇　エルサレム会議

五〇ー五二　パウロの第二次伝道旅行

五三ー　パウロの第三次伝道旅行

五四　♛ネロ（在位五四～六八）

六四　ローマの大火・キリスト教徒への大迫害

六四　ヘロデの神殿が完成

六六　ユダヤの反乱

六九　♛ウェスパシアヌス（在位六九～七九）

七〇　ティトゥスによりエルサレム陥落、神殿破壊

黙示録の
666ってオレ様
のこと？
by ネロ
666

40　60

年代 | 出来事

80

初代教会

七九 ♛ティトゥス（在位七九～八一）

八〇 ローマで疫病流行と大火

八一 ♛ドミティアヌス（九一～九六）

九五頃 ドミティアヌス治世下のキリスト教徒迫害

九六 ♛ネルウァ（在位九六～九八）

五賢帝時代

九八 ♛トラヤヌス（在位九八～一一七）

100

一〇〇年頃？ ヨハネの死？

一〇〇？ ♣**ギリシア教父ユスティノス（一〇〇？～一六五？）**

一一五－一一八頃 ユダヤ人がローマ帝国内各地で反乱を起こす

一一七 ♛ハドリアヌス（在位一一七～一三八）

一三〇 ♣**ギリシア教父エイレナイオス（一三〇？～二〇二）**

日本 弥生時代

80

100

200

古代教会

一三二—一三五　バル・コクバの乱

一三八　♛アントニヌス＝ピウス（在位一三八～一六一）

一五〇　♣ギリシア教父アレクサンドリアのクレメンス（一五〇?～二一五?）

一六〇　♣ラテン教父テルトゥリアヌス（一六〇?～二二〇?）

一六一　♛マルクス＝アウレリウス＝アントニウス（在位一六一～一八〇）

♛五賢帝時代

迫害のさなかですが、キリスト教学校を作りました。
オリ
クレ
ディダスカレイオン

一七〇頃　♣ラテン教父ヒッポリュトス（一七〇?～二三五?）

一八五　♣ギリシア教父オリゲネス（一八五?～二五四?）

一九八頃　♛カラカラ（在位一九八～二一七）

二三五　♛マクシミヌス・トラクス（在位二三五～二三八）

♛軍人皇帝時代

二四九　♛デキウス（在位二四九～二五一）

二四九　デキウス帝によるローマ宗教への回帰により、キリスト教徒の迫害が起こる

古墳時代

200

古代教会

年代	出来事
二五三	♛ヴァレリアヌス（在位二五三～二六〇）
二五七	キリスト教の集会禁止、聖職者、教会指導者の逮捕と処刑
	♛軍人皇帝時代
二八四	♛ディオクレティアヌス（在位二八四～三〇五）
	ディオクレティアヌス帝による史上最大のキリスト教徒の迫害が始まる
二九五	**♣アタナシオス（二九五?～三七三）**
三〇三	キリスト教の集会禁止、会堂破壊、聖書の焼却、聖職者の処刑が順次行われる
三〇六	♛コンスタンティヌス（在位三〇六～三三七）
三一三	ミラノ勅令によりキリスト教公認へ
三二五	ニカイア信条採択
三三〇?	**♣ギリシア教父バシレイオス（三三〇?～三七九）**
三三〇	ローマ帝国の都をローマからコンスタンティノポリスに移す

日本　古墳時代

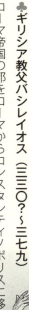

600　400

三四〇?　♣ラテン教父アンブロシウス（三四〇?～三九七）
三四七　♣ギリシア教父クリュソストモス（三四七～四〇七）
三四七　♣ラテン教父ヒエロニムス（三四七?～四二〇）
三五四　♣ラテン教父アウグスティヌス（三五四～四三〇）
三八一　コンスタンティノポリス会議
三八二　ローマ教会会議
三九二　キリスト教の国教化
三九五　ローマ帝国東西分裂
四五一　カルケドン会議にてカルケドン信条　承認
四七六　西ローマ帝国滅亡
五八九　トレド会議

飛鳥時代

600　400

本文中の写真出典

根田祥一／カバー、p.17, p.36, p.45, p.47, p.45, p.47, p.67, p.82, p.89, p.90, p.94, p.100, p.135, p.137, p.146, p.149

藤野多恵／ p.106

Wikipedia ／ p.18, p.20, p.22, p.24, p.27, p.29, p.32, p.35, p.39, p.48-50, p.52, p.54, p.56, p.60-62, p.65, p.68, p.73, p.74-75, p.79, p.83, p.88, p.93, p.95, p.99, p.108, p.112-114, p.119, p.126, p.132-134, p.138-139, p.141-143, p.145, p.147-148, p.153, p.161-162, p.170-171, p.175, p.177, p.180-182

著者

吉田　隆（よしだ・たかし）

埼玉県深谷市出身。

東北大学、改革派神学研修所、神戸改革派神学校、プリンストン神学校（Th. M.）、カルヴィン神学校（Ph. D.）で学ぶ。

18年間にわたる仙台での牧会・伝道を経て、2014年より神戸改革派神学校校長と日本キリスト改革派甲子園教会牧師。


著書として、『五つの“ソラ”から――「宗教改革」後を生きる』（いのちのことば社）、『カルヴァンの終末論』『ただ一つの慰め――『ハイデルベルク信仰問答』によるキリスト教入門』（以上、教文館）等がある。

訳本として、G・E・ラッド『新約聖書と批評学』（いのちのことば社、共訳）、『ハイデルベルク信仰問答』（新教出版社）、L・D・ビエルマ編『「ハイデルベルク信仰問答」入門』（教文館）等がある。

キリスト教の“はじまり”
——古代教会史入門

2019年10月25日　発行
2020年 4 月20日　再刷

著　者　　吉田　隆
装丁・イラスト　Yoshida grafica　吉田ようこ
印刷製本　日本ハイコム株式会社
発　行　いのちのことば社
〒164-0001 東京都中野区中野2-1-5
電話 03-5341-6923（編集）
03-5341-6920（営業）
FAX03-5341-6921
e-mail:support@wlpm.or.jp
http://www.wlpm.or.jp/

ISBN978-4-264-04069-9